JN208160

これ一冊でOK!

「小1の壁」完全ガイド

うなぎママ

はじめに

まずはこの本を手に取ってくださり、ありがとうございます。本書を開いてくださった方はきっと、「小1の壁」という言葉に漠然とした不安を抱えていたり、「仕事は続けられるだろうか」と心配になっていたり、まさに今、「小1の壁」にぶつかって悩んでいる最中だったりするのではないでしょうか。

3年前の私もそうでした。何人もの先輩ワーママから「小学校は大変だよ〜」と脅かされていたものの、具体的に何が大変なのか、またどんな準備をすれば良いのかもわからずに途方に暮れていました。SNSやWEBで検索しても断片的な情報しか載っていないし、不安をあおるような記事も多く、心配な気持ちがますます膨らんでいきました。

我が家の場合、入学する小学校にほぼ知り合いがおらず、相談できるママ友もいなかったので、余計に手探り状態。実際に入学したら不安は的中し、想像以上に大変で、想定外のトラブルもたくさんあって……まさに、「小1の壁」に正面から〝激突〟しました。

のびのびとした自由な保育園出身の息子は、元々の性格も相まって、小学校のルールの多い集団生活にうまくなじめませんでした。とくに1年生の間はお友達とのトラブルが絶えず、親である私が小学校に呼び出されたことも。担任の先生からはしょっちゅう電話がかかってくるし、仕事を急に早退して迷惑をかけてしまうこともあり、当時は悩みすぎて、上司の前で思わず涙してしまったこともありました。

そんなとき私を救ってくれたのは、インスタグラムを通じて知り合った先輩ママ、そして小学校の先生をしているフォロワーさんたちでした。「うちも同じようなことがあったよ！」「低学年ではあるあるだから気にしなくて大丈夫、年齢が上がるにつれて落ち着いてくるよ」とアドバイスをもらい、どれだけ助けられたことか。もしずっと「うちの息子だけ、どうして？」と悩んでいたら、どんどん追い詰められていったと思います。

そして、同じように「小1の壁」にぶつかり、仕事と育児の両立に悩みながらがんばっている同志（フォロワーさん）がたくさんいることを知り、毎日のようにやり取りを重ねていくうちに、全国の小学生ワーママが何につまずいて、どんな壁にぶち当たっているのか、しだいに共通点が見えてきました。

その共通するお悩みに、いつも先輩ママや小学校の先生方が親身になってアドバイスをくださり、その知恵を集めて、インスタグラムを通じてシェアしてきた3年間。今ではフォロワーさんから感謝の言葉もたくさんいただくようになり、令和のママたちのリアルな「小1の壁」とその攻略法については日本中で誰よりもくわしい自信があります。

悩んでいた3年前の私と同じように、「小1の壁」を目前にして、今まさに不安でいっぱいのママ（そしてパパ）。周囲に聞けるママ友もいないし、日々忙しくて時間がなくて、思うように情報を探せないママ。そんなママに向けて「これさえ読んでおけば大丈夫」という本を作り、日本中の悩めるママたちに届けたい。そんな想いで、3年前の私が知りたかった情報すべてを一冊にまとめました。

この本が目指しているのは次の3つ。①小学校生活を具体的にイメージでき、今から入学準備を始められる（すでに入学して「小1の壁」にぶち当たっている場合、その対処法がわかる）。②もし悩むことがあったとしても、自分だけじゃないと理解する。③漠然とした不安が解消され、小学生ママライフが楽しみになる。

「『小1の壁』とは何なのか、正しく知ること」、そして「今日からできる小さなアクションを積み重ねていくこと」でぼんやりとした不安は小さくなります。

そして忘れないでほしいのは、どれだけ入念に対策していても、入学後の「想定外のお困りごと」は誰にでも、必ずと言っていいほど起こる、ということ。

10万人のフォロワーさんとつながっている私だからこそ断言できるのですが、「小学生育児に悩んでいないママ」なんて一人もいないんじゃないかなと思うくらい、みんないろんなことに悩んでいるんです。

だから、決して「なんで我が家だけうまくいかないんだろう」「どうしてうちの子だけできないんだろう」「ほかの子はちゃんとやっているのに……」なんて思わないでくださいね。悩みの種類が違うだけで、ほぼ全員、同じように悩んでいます。

悩みもトラブルも、あって当たり前。そんな心の準備だけはしておいて、ぜひ親子で小学校入学を楽しみに、前向きな気持ちで過ごしてほしいと願っています。そしてこの本が、少しでもそのお手伝いをできるとしたら、これ以上の喜びはありません。

Contents

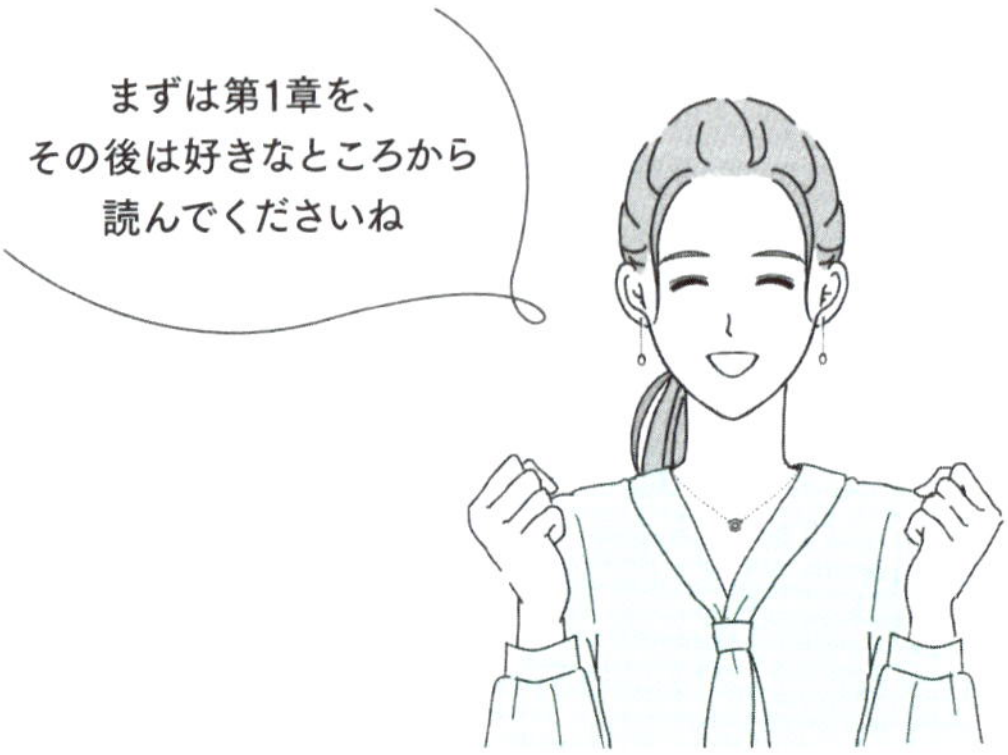

まずは第1章を、
その後は好きなところから
読んでくださいね

第2章 P.32

年長さんの11月～小学校入学のスケジュールとTODO

第3章 P.50

残り半年で我が子のためにしてあげられること

第4章

P.66

共働き世帯の味方「学童」ってどんなところ？

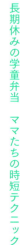

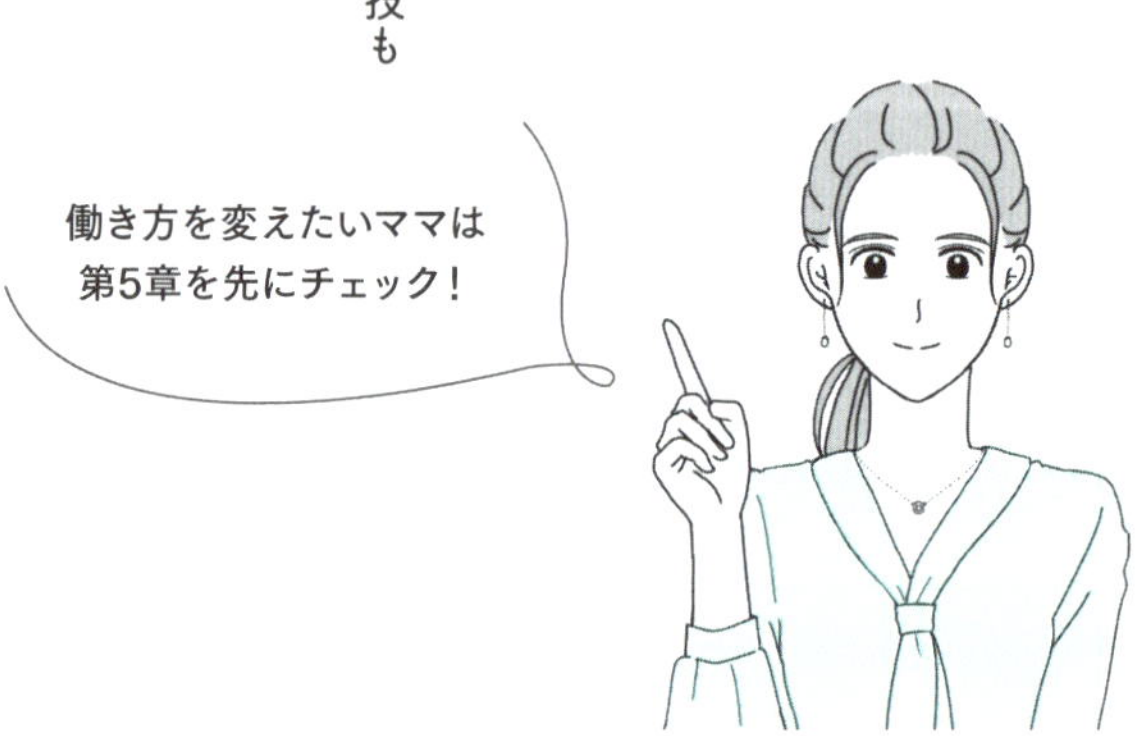
働き方を変えたいママは
第5章を先にチェック！

第5章 P.86

小学生ママの働き方
～退職の危機はどんなときに訪れる？～

第6章 P.106

小学生の宿題と学習
～共働きでも大丈夫？～

※この本の中で紹介している統計データは、とくに記載のない場合、インスタグラムにてうなぎママ（@unagi.mama）がフォロワーを対象に行ったアンケート結果によります。回答者数は1000～9000人。調査時期は2023～2024年。

第1章

そもそも、「小1の壁」って何？

【保育園児の生活】
リコ～ もうすぐ保育園の時間だよー
水筒は玄関に置くよ！
食べたら歯磨きしてね！
ごちそうさまでしたー
はーい
私も急がなきゃ！
じゃあ俺たち先に出るね
行ってらっしゃい
行ってきまーす
保育園
お預かりしま～す！
よろしくお願いします

7:15

【小学生の生活】
蓮～ そろそろママたちお仕事に行く時間だから
水筒と体操着袋忘れないでね！
食べたら歯磨きしてね
ごちそうさまでしたー
はーい
行ってらっしゃい
カギかけ忘れないようにね！
うんっ
行ってきます
バタバタ
蓮…大丈夫かな～
ガタン
ゴトン
ガタン

リコちゃん
おはよう〜！
みさき先生〜❤
さぁ朝の
お支度したら
遊ぼうね！
うんっ
今日も元気ね！
リコちゃーん！
ループ付き
タオルかけ
あ！
ヒナちゃん
おはよー
おはよ！
ねぇ
お絵描き
しようよ！
うん！

7:45

もう7時半
過ぎちゃった
カギ、カギ…
あっ体操着袋！
ガラッ
忘れてた！
置きっぱなし
なんとか
間に合った…
バタバタ
行くよー
登校班
6年生
？

ワイ
ワイ
ねぇ次 おままごと しない?
おはようタッチ～
ねぇ せんせー
いいよー
やばっコレ 終わらない
保育園に 電話しとか なきゃ!
カタ
カタ
カタタ
鈴木です すみません 娘の預かり延長 お願いします
ハーイ
17:45
8:30
みなさん おはよう ございます
おはよう ございます!!
昨日配った紙は お家の人に書いて 貰ってきましたか～
ハーイ
はっ
忘れてたっ
あっ今日パパが 夜遅い日だった
私のほうも 時間が かかりそう…
カタ
カタ
カタタ
ガタ
もう6時前? 学童が 閉まっちゃう
延長できないし!!

リコちゃんママでーす
↑先生
間に合った!
リコ〜お待たせ!
リコちゃん、今日年少さんたちと沢山遊んでくれて…
ねー
えへへっ
そうなんですか〜
ご飯作るからテレビ観ててね
バタバタ
今日使ったタオルは出しておいてね
ハ〜イ
リコ、パパと一緒にお風呂入ろうか!
ただいま〜
お帰り!!
入る〜!

18:30

19:30

何とかお迎えは間に合ったけど仕事が〜
遅かったね!
ごめーん
うう…
プンプンッ
ご飯作る間に音読しちゃって!
バタバタ
え〜わかったよぅ
あ〜もう宿題ヤダ〜!
ぐだ〜
丸付けしたよけどホラここ間違ってる!
えー!?面倒くさいっ
…あっ!
何!
そうだ、国語のノート終わってた
えぇっ!?

今日新しい歌を習ったよ リコその歌好きになった!
へぇ～なんて歌?
えぇっと…忘れちゃった!
えー!?
……
すー すー
パチ
やっと寝たよ～
ハァ 疲れた!
ママ、お疲れさま!

21:00　20:00

ガバッ
ちょ…
国語ノートってどんなだっけ?
…は?空き箱て
うそォ!
明日までに!?
ぐちゃ
何このプリントッ
締め切り過ぎてる!
とにかくママはすぐに国語ノート買ってくるからっ
ハーイ
よいしょと
蓮はご飯食べてなさい!
ガーン
note book
あ、何マスか調べ忘れた…

小学生になっても全然ラクにならない！

「来年、子どもが小学生になるんです」と言って、「大きくなったねぇ。小学生になればだいぶラクになるし、もっと仕事できるね！」なんて返された経験はないでしょうか？（とくにひと回り上の世代……会社の上司などに言われがち）じつはこれ、大きな勘違いなんです。私がインスタグラムで取ったアンケートでは、ラクになるどころか**「年長のときと比べて、小学生になって大変になった」と答えたママがなんと7割近くもいました。**「小1の壁」が大変とは聞くけれど、園時代と比較していったい何が大変になるのでしょうか。具体的に見ていきましょう。

子どものサポート、こんなにあるの!?

インスタグラムで小学生の子どもを持つママにアンケートを取ったところ、小学校に入って「大変！」と感じる部分にはかなり共通項があることがわかりました。

共働き世帯にとって、**保育園時代と大きく異なることのひとつが「親のサポートが増える」ということ。**園時代は先生の数も多く、子ども一人一人をしっかり見てくれていたと思いますが、小学校では30人前後の子どもにつき、先生は基本一人になります。どうしても物理的に目が届かなくなり、この「目の行き届かない部分」をサポートする役目が、親に求められるようになるのです。

例えば、毎日の宿題を見ること。宿題は学童でやってきてくれたとしても、「丸付けは親がする」という学校も多いです。**間違えた問題を直させるのもひと苦労。**音読も毎日聞いてサインしなくてはいけません。

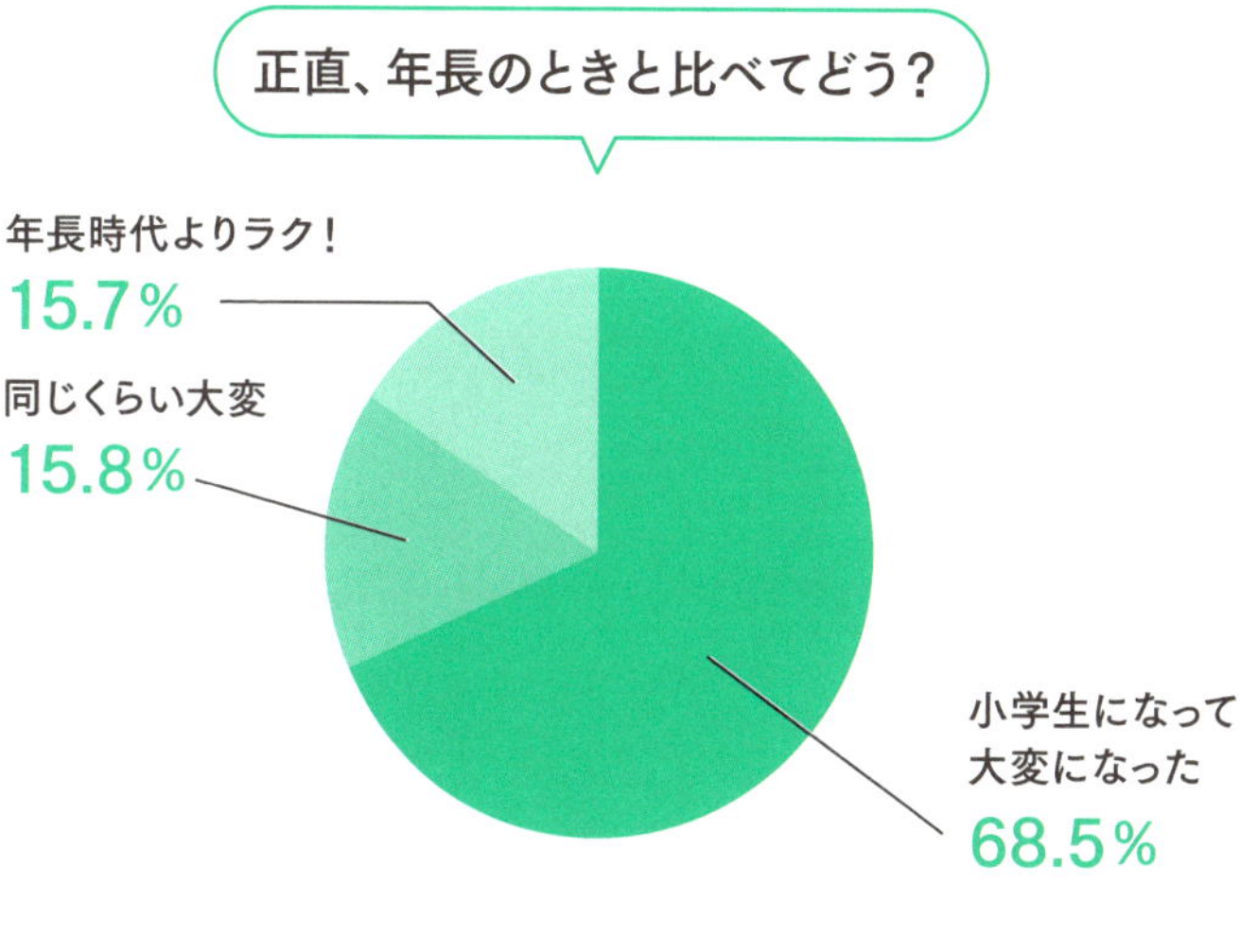
正直、年長のときと比べてどう？
年長時代よりラク！
15.7％
同じくらい大変
15.8％
小学生になって
大変になった
68.5％

また低学年のうちは、毎日の持ち物チェックを親も一緒にする必要があります。**翌日の時間割りに応じて教科書類を揃えるほか、工作に使う空き箱やどんぐりなどイレギュラーな持ち物の用意、集金の準備、提出書類の記入など……。**子どもが書いてくる連絡帳を見て明日の準備をするものの、字が汚すぎて読めず泣きそうになる日や、「ノートを使い切った」と突然言われ、夜慌てて買いに行くことになり白目をむく日も。

くわしくは後述しますが、子どものメンタルケアや勉強のサポートが増える家庭も多く、**親のサポートは正直「園時代の100倍くらいになる!」と体感**しています。

平日の稼働がとにかく多い!

共働き世帯にとって脅威なのが、**「平日の行事や役員仕事が多くて有給が溶ける」問題。**保育園は共働きが前提なので(※疾病や介護などが理由で保育園を利用する場合もあります)、行事は土曜日にしてくれたり保護者懇談会も少なめだったりと配慮されていたと思いますが、小学校は「みなさん、もちろん平日空いてますよね〜!」という前提かのように多くの行事が平日に組まれています。授業参観や個人面談、懇談会は基本的に平日の日中に設定されていますし、園時代と比較して回数も多いです。

また地域によっては登校班がなく、**入学後しばらく子どもの登校付き添いが必要だったり、**旗当番（朝、通学路に親が立って子どもの登校を見守る役目）が回ってくるため、親の出勤時間の調整が必須だったりします。朝の登校事情は学校によって異なるので、平日の登校時間を狙ってチェックしたり、近所に先輩ママやパパがいれば聞いてみたりすることをおすすめします！

ＰＴＡ役員をする場合もやはり会議は平日の日中にあることが多いので、仕事を休む、またはリモートワークにして半休を取るなど、柔軟に対応する必要があります。

一番困るのが、前触れもなく突然やってくる「学級閉鎖」。学級閉鎖の際は学童でも預かってもらえない場合が多いので、一人でお留守番できない低学年のうちは、親のどちらかが仕事を調整する必要が出てきます。

とくに小１の４月は、入学式をはじめ授業参観・懇談会、学校によっては個人面談があったりして仕事を休む回数が増えるので、業務やシフトを詰め込みすぎないことをおすすめします。

こんなところも壁だった！ 盲点だった5つのポイント

1 習い事の送迎がつらすぎる

小学校低学年のあいだ、キツいのが習い事の送迎です。

地域にもよると思いますが、今の小学生は習い事をしている子が本当に多い！ 以前インスタグラムでアンケートを取ったところ、スイミング・体操・サッカー・ダンスなどの運動系、ピアノなどの文化系、くもん・英語などの学習系、いずれも人気で、5つ〜6つ掛け持ちしている子もざらにいました。

周りにやっている子が多いとつい習い事の数を増やしたくなりますが、共働き世帯にとって習い事の送迎は親の負担が大きいことをお忘れなく。

平日の夜に習い事を入れるとその日はバタバタしますし、土日も習い事を詰め込むと親子で疲れ果ててしまいます。学校の宿題のほかに習い事の宿題も出るため、親がフォローしきれないことも。

対策としては、「送迎付きの習い事を選ぶ」「オンラインの習い事も検討する」「民間学童に入って習い事のオプションを付ける」など、親の負担を軽減できるように工夫するのがおすすめ。また、家の近所での習い事なら小1から一人で通える子もいます。

息子は一時期、地元の少年野球チームに所属していたことがありますが、土日祝日すべて練習や試合の応援があり、親の負担もかなり大きく、肉体的にも精神的にも疲弊してしまいました……。

始めるのは簡単でもやめるのは結構大変だったりするので、始める前に親の負担も含めて慎重に検討すること。

また「○○ができるようになったらやめる」など、やめどきを親子であらかじめ話し合っておくのも良いと思います（我が家では「平泳ぎで25メートル泳げるようになったらスイミングはやめる」と決めています）。

2 小学校の情報がなさすぎる

保育園時代と比較して、**「小学校の情報が全然入ってこない」**というのも盲点でした。保育園時代は送り迎えの時間に先生と話せたり、クラスでの我が子の様子を見ることができたりして困ることがなかったのですが、小学校に入ると途端に情報がなくなります。

小学校の様子を見に行けるのは授業参観など限られた機会のみ。基本、我が子の話だけを頼りに学校での様子を知ることになります。

よく話してくれるタイプの子なら良いのですが、**とくに男の子は家でまったく学校のことを話さないという子も多く、**その場合、小学校生活の実態は謎に包まれたまま。

小学校から配られるプリントも、なぜか一度読んだだけではわからない内容のものが多く、頭を悩ませることに（アンケートでは9割近くの小学生ママが「小学校のプリントは読んでもわからないことが多い」と回答！）。

対策としては、同じクラスに何人か疑問点を聞ける知り合いの保護者をつくっておくことくらいしかありません……。

　その場合、しっかり者のクラスメートから我が子の普段の様子（クレーム含む）を聞けることも（笑）。

3 学習のサポートが必要

　小学校低学年の勉強は簡単なイメージがありますが、意外と「時計」「漢字」「九九」などの苦手分野が抜け落ちてしまうことがあり、親も気を抜けません。アンケートでも**「勉強にちょっと不安がある」と答えてくれた小学生ママの割合は全体の8割以上**でした。

　先生方からも「宿題の丸付けなどを通して、お子さんがつまずいていないかどうか見

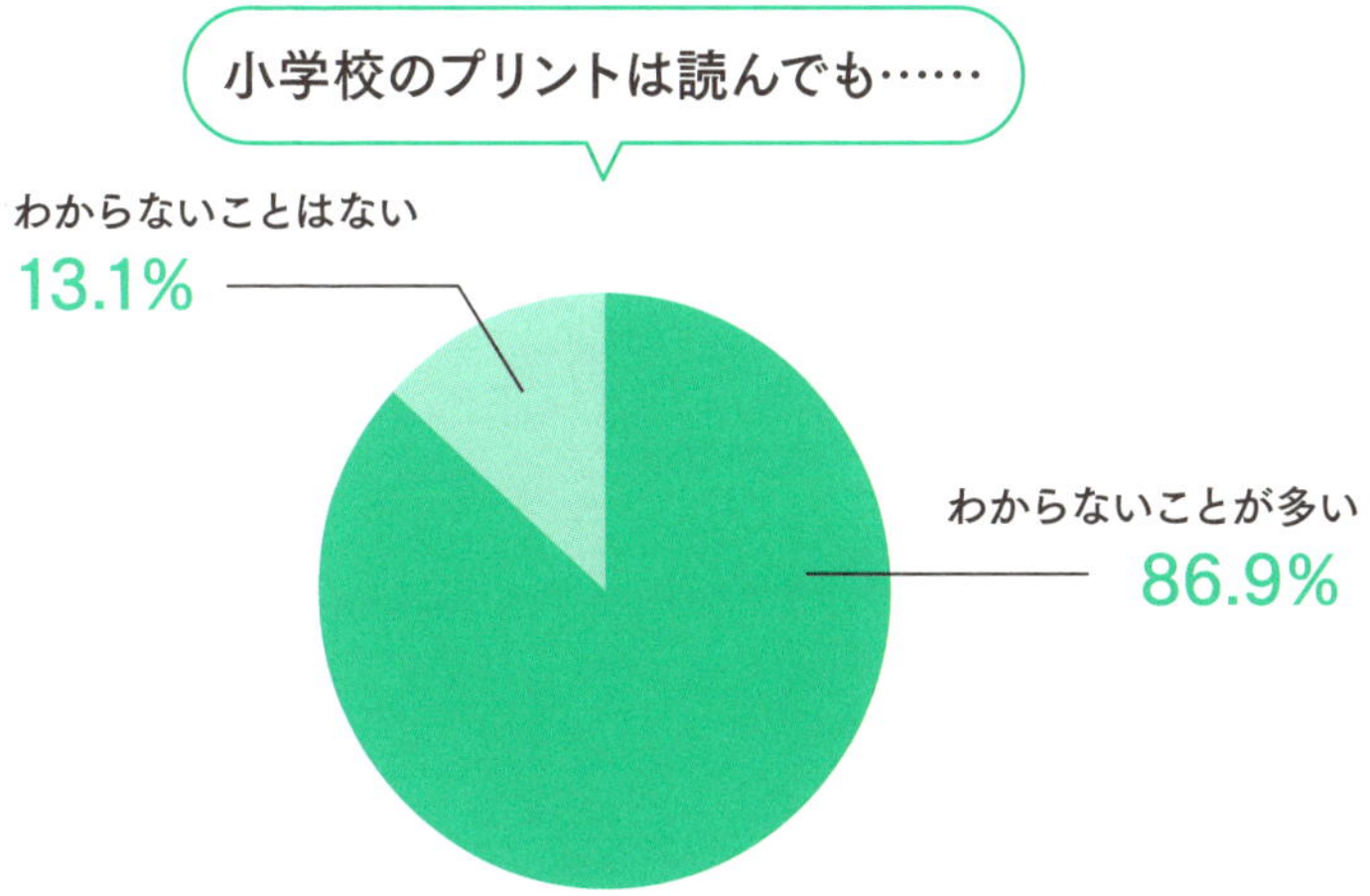

てあげてほしい」とよく言われます。

とくに**算数は「積み上げ」の教科であり、低学年での基礎が固まっていないと学年が上がったときに応用が利かなくなる**そう。

仕事を終えてから我が子の勉強までサポートするのは正直かなり大変ですが、高学年になってもっと苦労することを思えば、今やるしかない……！　歯を食いしばって、私も息子に漢字を教えています（笑）。

今はタブレットでの通信教育や学習アプリなど、ゲーム感覚で勉強に取り組める教材も増えています。**便利なアイテムを駆使しつつ、できれば親子で楽しみながら取り組んでいきたい**ですね。


小学校の勉強、子どもはちゃんと理解できていそう？

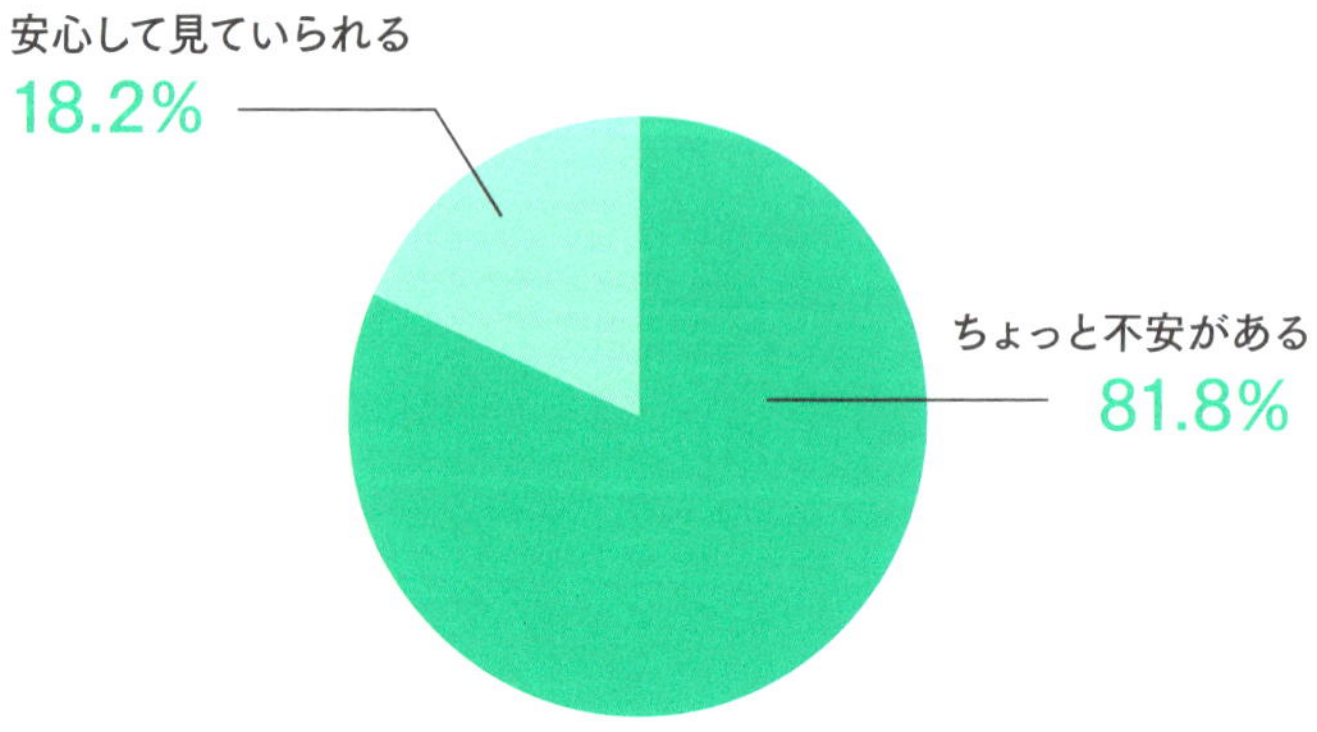

4　子どものトラブルは予測不能

これは本当に声を大にして言いたいのですが、「子どもの突発的なトラブル」はいつ何時やってくるかわかりません。

園時代は突然の発熱や嘔吐など、子どもの体調不良で会社を休むことがほとんどだったと思いますが、小学生のサポートはもっと複雑になってきます。

子どもが登校渋りをする、友達同士のトラブルやケガ、小学校や学童になじめず問題行動を起こしてしまう……など。ときには学校の先生から呼び出しがあることも。

「我が子に限ってそんなことはないはず」という思い込みは危険で、とくに友人関係でのトラブル等は誰にでも起こり得ると思っていたほうが良いです。

トラブルが起きたときは、**まず我が子の話をしっかり聞いて寄り添いましょう。**加えて先生とも相談し、相手がいる場合は相手の親御さんと連絡を取り合う必要が出てくることも。物理的な時間も取られますし、親子で精神的にすり減ることも多いです。しかも、働きながらその調整をしていくことの大変さといったら、言葉では言い表せないほどです。

幸運にもそんなトラブルが一切ない子ももちろんいると思いますが、恐らくほんのひと握り。**「我が子のサポートが必要になる日が来るかも」という心の準備だけはしておいてほしいな**と思います。

5 正直、いつもより大変になる長期休みがキツい

共働き世帯にとっていつも以上に大変なのが、春休み・夏休み・冬休み。子どもは学校がなくて喜びますが、そのぶん親の負担が増える期間とも言えます。

具体的には「学童のお弁当作り」問題。**長期休み中はお弁当持参の学童がいまだに多く、**中には仕出し弁当を注文できる学童もありますが、「量が多い」「おいしくない」という理由で結局お弁当を持たせている家庭も（我が家は有無を言わさず仕出し弁当をお願いしていましたが……）。

「長期休み中は朝の送りが必須」という学童もあります。下にきょうだいがいる場合は保育園とのハシゴでひと苦労ですし、「長期休み中は預かり時間が短くなる」ケースもあり、

仕事との調整に悩むママ・パパも多いです。

また、とくに夏休みは大量の宿題が出る学校も。ドリル等は学童でやってもらえるので良いのですが（ただし、丸付けは親が、というところが多い）、自由研究やポスター、工作、習字などの宿題は基本的に家でやるしかありません。平日はもちろん時間がないので土日に取り組むことになり、なんだかいつも以上に大変……。

「どこかに連れていってあげなきゃ」という謎の使命感により土日はお出かけと大型の宿題に追われ、お盆休みを取るために仕事にも追われ、共働き世帯にとって長期休み（とくに夏休み）は試練のシーズンです。

大変だけど、大丈夫。
「小1の壁」を乗り越える
ためのテクニックを
たくさん紹介していきますね

入学式、ココに気をつけて

Column

人生で一度しかない小学校入学式は、後悔なく乗り切りたいもの。意外と見落としがちなポイントをいくつかまとめてみました。

まず、**「入学式」の看板前での撮影は大混雑**します。当日の朝は長蛇の列になるので早めに行くのが吉。看板は夕方まで出ていることが多いので、時間をずらして撮影したという先輩ママ・パパも。

おすすめしたいのが「前撮り」です。入学式前の晴れた休日、桜と一緒に正装＋ランドセル姿でぜひ写真を撮っておいてください。子どももリラックスした良い表情で記念撮影できると思います。

次にやっておきたいのが、**子どもと一緒にスーツやワンピースの着方を練習し**

ておくこと。朝ばっちりキメていても、保護者と離れて子どもだけでトイレに行った後、肝心の入学式でシャツの裾が出ている、なんてケースも（うちの息子がそうでした）。同じ理由でサスペンダー等はやめたほうが無難です。

また意外と忘れがちなのが手を拭くハンカチ。ポケットに入れておきましょう。

そして親は、書類などを持ち帰ることが多いので**Ａ４サイズのクリアファイルと大きめの袋**を忘れずに。その場で配付物に名前などを記入できる場合があるので、ボールペンや油性ペンも念のため持っていくことをおすすめします。

Point

入学式で気をつける3つのポイント

- 看板前での撮影は長蛇の列。早めの到着を！　前撮りもおすすめ
- トイレに行った後も一人で服が着られるようにしておく
- Ａ４サイズが入る袋と筆記用具（油性ペンも）を忘れずに！

第2章

年長さんの
11月～小学校入学の
スケジュールとTO DO

【準備万端ママ】
○小学校 入学説明会
ハルトが あと1ヵ月半 で入学式かぁ
少しずつ 入学の準備 始めなくちゃ
式用の服は 冬のセールで 買ってある♪
名入れ鉛筆や 名前シールも すぐ発注ね！
ハルト〜 注文した 上履き入れや 巾着袋とかも 届いたよ〜
えっ 早！
小学校で 使うやつ!?
パパ、名前付け 協力してくれて 助かるよ！
じつはコレ 大変なの
2人でやれば 早く終わるよ
【のんびりママ】
○小学校 入学説明会
ヒナも あと1ヵ月半 で入学式ね
いま仕事が 忙しい 時期だし
う〜ん
準備は時間が できたら 取り掛かろう
ふでばこ
入学式の服は 手持ちのアレで いけそうだな！
3月中旬
名入れ鉛筆の 納期…って
入学までに 間に合わ ないじゃん！
こんなに時間かかるの!?
入学式直前
嘘ぉ！
パンツの ウエストが 閉まらないぃっ
太った!?
名前付けまだ 残ってるのに！ パパは出張だし…
もう徹夜だよぉ

入学までにやること ざっくりスケジュール

Schedule

11月

・学童の見学・申し込み
・机に向かう練習
・鉛筆・消しゴムなどの学用品に慣れる
・同じ小学校に通う保護者の知り合いをつくる

自分の名前の読み書きはできるように

12月

・セール期間中にセレモニー服を購入
・子どもの靴・ソックスやママのバッグ・アクセサリーなども用意

セレモニー服は着てみてサイズを確認！

1月

・生活リズムの見直し。親子で早寝早起きを
・GPSの検討・購入。実際に使ってみる
・一人でお留守番しながらママパパに連絡を取る練習

やるべきことの
把握が準備の第一歩！
まずは入学までの
流れをつかんでね

2月

- 入学説明会後、名入れアイテムの発注
- 巾着袋・手提げバッグなどの購入
- 学童で使うリュックやドリルなどの準備
- 名前シールを発注
- 持ち物に名前を付ける

名前付けは大変なので
できれば夫婦で協力を！

3月

- 親子で通学路を歩いて登下校の練習をする
- 職場に相談し、徐々に仕事をセーブしておく
- 必要な書類の記入
- 学校指定口座の開設
- 指定アプリのダウンロード

平日にしかできないことは
計画的に！

あっという間にやってくる入学式 早めに「やるべきこと」の把握をしておくと安心

年長さんの秋頃になると、就学前健診で入学予定の小学校に呼ばれるなど、いよいよ入学に向けた動きが本格化してきます。

とはいえ、「何から準備を始めればいいのか」、また「何か見落としていることはないか」など、わからずに不安になってしまいますよね。そこで、**年長さんの11月からできることを、月別にリストアップ**（P. 34〜35）してみました。

入学までにまだ時間があるという方は最初から、「入学直前！」という方はまずは3月の部分からお読みください。**「すべてを実践する必要あり」というわけではありません**ので、余裕がある場合はさかのぼって、できること、必要だなと思うことを取り入れてみてくださいね。

11月から準備できる人はまず学童の見学からスタート

多くの自治体で、公立学童の翌年度の申し込みがスタートする11月。できれば申し込む前に、入所させたい学童の見学をしておきましょう。

部屋の広さに対して人数は多すぎないか、支援員の先生方の雰囲気はどうか、など全体の印象を見るだけでなく、「雨の日はどんな過ごし方をしているか」「長期休み中の預かり時間は？」「途中で抜けて習い事は行けるのか？」「一人帰りはできるのか？」など、気になることは必ずメモしていき、見学の際に質問してクリアにしておくことをおすすめします。

この時期に見学して
疑問点をなくしておけば、
学童でカバーしきれない部分を
どうするか、4月までにじっくりと
対策を練ることができますよ

学童見学チェックリスト

・学年ごとの人数構成、定員に対して何割くらい埋まっているか
・児童の人数に対する先生（スタッフ）の人数
・何年生まで利用する児童が多いか
・預かり時間（長期休み中の預かり時間、土曜の預かりの有無も）
・延長料金について（長期休み中は追加料金がかかるか）
・一人帰りは許可されているか（何年生からOKか）
・スケジュール（雨の日の過ごし方・外遊びがあるか・宿題をする時間はあるか）
・おやつの有無（ある場合、内容はどんなものか）
・長期休み中のお弁当（仕出し弁当の有無、ある場合、1食あたりの値段はいくらか）
・長期休み中のイベント内容
・送迎は自家用車OKか、駐車場はあるか
・保護者会などの役員業務はあるか
・習い事や学校のイベント等で中抜けはできるか
・本やおもちゃはどんなものがあるか

またこの時期くらいから、毎日数分でも机に向かう習慣をつけておくとラクです。鉛筆を正しく持って書いたり消しゴムで消したりする練習もぜひやってみてください。入学して初めて消しゴムを使うと、うまくいかなくて癇癪《かんしゃく》をおこす子もいます……。

入学前にやっておきたい勉強についてくわしくは後述しますが、とにかく**椅子に座ること、机に向かって何かを書くこと（お絵描きでもOK）は、少しずつ慣れていけると良い**ですね。

そして、可能ならば**「同じ学区内にママの知り合い」をつくっておく**こともおすすめです。保育園や習い事先で、同じ小学校に入学予定のお子さんはいませんか？　同じ小学校の同学年ママとは知り合いになっておいたほうが良いので、チャンスがあれば連絡先の交換をしておきましょう。

もし**ランドセルをまだ購入していない場合は、そろそろ目星をつけて買っておく**ことをおすすめします。入学が近づくにつれて忙しくなるので、できる準備は早めに進めることが大切です。

必要なものは12月〜のセール期間に賢く購入！

年末から年明けにかけて、セールが開催されるショップも多いですよね。このタイミングでママのセレモニー服や、お子さんのスーツ・ワンピース等を購入するのが賢い選択だと思います。

3月には人気のデザインが売り切れていたり定価で売られていたりするので、セール中がチャンス。**忘れがちなセレモニー用の靴や靴下、ママのバッグやアクセサリーなども、時間と気持ちに余裕のあるこの時期に揃えておく**と後々ラクになります。

年が明けて、いよいよあと3ヵ月。1月からは生活リズムの見直しを

年が明けたら、そろそろ生活リズムの見直しをしていきたいところです。年長までお昼寝があった保育園も、年明けにはなくなることが多いので、それを機に**早寝・早起きの習慣をつけていく**と良いですね。

一般的に、保育園時代より小学生になってからのほうが朝が早い場合が多いです。

お子さんだけでなく、ママもパパも少しずつ早起きに慣れておくと安心ですね（私は朝が苦手なのですが、一度家族全員で寝坊して、登校班の班長さんにインターホンを押されて飛び起きたことがあります……あのときは心臓が止まるかと思いました）。

また、登下校や習い事などで一人歩きをすることになるお子さんは、**GPS等の導入を検討**してみてください。今はトーク機能がついているGPSもたくさんあって、とても便利です。新しい機器を導入する場合は、早めに購入して実際に使ってみることをおすすめします。入学を迎える頃には使い方に慣れている、というのが理想ですね。

練習という点では、「一人でお留守番をする練習」もこの頃からしておくと、少し慣れた状態で4月を迎えられそうです（一人でお留守番をするときの注意点についてはP.158参照）。

お留守番のときにアレクサなどの機器を使用する場合は、ママやパパに連絡を取る練習も一緒にしてみてくださいね。

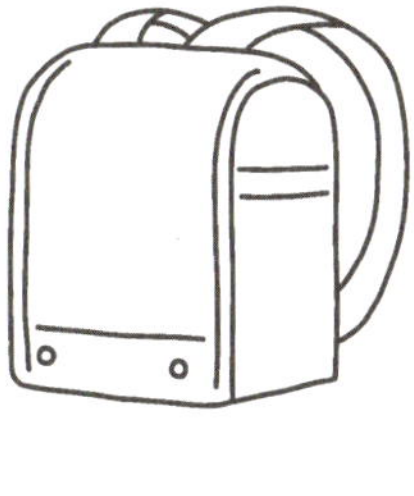

2月の説明会が終わったら、入学準備がいよいよ本格化

多くの学校では1月下旬〜2月頃、小学校にて「入学説明会」が開催されます。この入学説明会では小学校の説明はもちろん、入学までに必要な学用品リストや入学までに準備すべきことについて教えてもらえます。

入学説明会は先生に直接質問できる貴重な機会なので、**疑問点や心配な点があれば、このタイミングで遠慮なく相談すると良い**でしょう。

これは重要なポイントですが、**説明会よりも前に文房具などを購入するのはやめておいたほうが無難**です。小学校によって「キャラクターものはNG」「鉛筆は2Bより濃いものを」など細かいルールがある場合が多いからです。買いたい気持ちはグッとこらえて、説明会まで待ちましょう。

説明会で揃えるものがひと通りわかったら、すぐに準備を始めてください。**3月に慌てて買おうとすると、売り切れていたり納期が間に合わなかったりします。**とくに「名前シール・ハンコ」や「名入れ鉛筆」は3月になると混み合うので、早めに発注しましょう。

1年生のうちは、記名はすべてひらがなで。シールは意外と余ってしまうご家庭も多いので、少なめに発注しても良いと思います。

小学校はなぜか巾着袋や手提げバッグなど、袋ものがたくさん必要なことが多いのですが、ワーママなら手作りせずに市販品一択です。ほかにも準備することはたくさんあるので、正直、縫い物をしている時間などありません（裁縫がお好きな方は別です）。指定サイズとだいたい同じ大きさであれば大丈夫なので、迷わず市販品を購入しましょう。

布とサイズを指定してオーダーする「製作代行」のショップやハンドメイド作家さんにお願いする場合も、製作には時間がかかるので「納期を確認しつつ早めに注文」が必須です。**時短を叶えるために、名入れ鉛筆や体操服・ゼッケンの名入れサービス等にも堂々と課金**することをおすすめします！

同じ時期に、学童の説明会も開催されます。学校とは別に、学童でも準備が必要なものがあるので共働き世帯は大変です（学童準備品リストはP.84へ）。

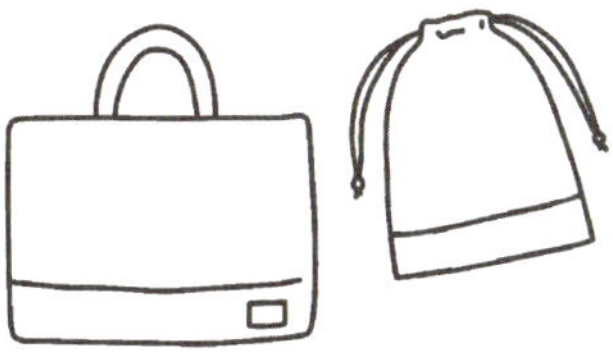

準備品の中で意外と見落としがちなのが、春休み期間に必要なドリル。まだ授業は始まっていないけれど、**長期休み中の学童では「勉強の時間」が1日1時間程度設けられていることが多く、勉強道具が必要**になります。新1年生は点つなぎやぬり絵、迷路、間違い探しなどの簡単なドリルで大丈夫なので、何冊か用意しておきましょう。

もし間に合わない場合は、「ネットで無料の教材を多めにダウンロードして、プリントアウトしておく」という手もあります！

入学まであと1ヵ月！ 3月に最低限やるべきこと

入学まで1ヵ月しかない場合、まず**優先してやってほしいのは「親子で通学路を歩いて登下校の練習をする」こと**です。交通量の多い場所・見通しが悪い場所など、気をつけるポイントや交通ルールをお子さんと確認しながら通学路を歩いてみます。その際、**「行き」だけでなく「帰り」の道も必ず覚えてもらうことが大切**。学校の先生方によると毎年、帰り道がわからなくなる子が続出するようです。

また余裕があれば、本を入れたランドセルを背負って歩いたり、雨の日に傘をさして歩いたりする練習もしてほしいです。とくに小学校が遠かったり小柄だったりする子の場合、重いランドセルを背負って学校まで行くだけでヘトヘトになってしまうからです。

そして**両親の準備として必要なのが「4月に向けて、徐々に仕事をセーブしておく」こと。**もし希望を聞いてもらえる職場なら、4月から新部署や新プロジェクト……というのは避けることをおすすめします。というのも、4月・5月は入学式や授業参観などで平日に休むことが増えますし、1ヵ月くらいは朝の付き添い登校をしている親御さんもいるからです。

また、入学直後の子どもは精神的に不安定になりやすく、不慣れな環境での疲れから体調を崩しやすいため、どうしても親のサポートが必要なシーンが多くなってしまいます。

そのことを念頭に置き、**ママもパパもあらかじめ上司や同僚に事情を伝え、可能な範囲で仕事量の調整をしてもらったり、在宅勤務に切り替えさせてもらったりしておくと、心の余裕がまったく違う**と思います。

小学校入学準備品リスト

「キャラものNG」など学校によってルールが異なるので、
必ず「入学説明会」で説明を聞いてから購入しましょう！

文房具

- □ 名入れの鉛筆
- □ 名入れの赤青鉛筆
- □ 濃い鉛筆用消しゴム
- □ 無地の筆箱
- □ 無地の下敷き

学校によって鉛筆は濃さの指定がある場合も。指定がなければ2B、筆圧が弱めなら4Bが良い。消しゴムは男子ならちぎれにくいトンボ鉛筆の「モノタフ」がおすすめ。

毎日持っていくもの

- □ ティッシュ
- □ ミニタオル
- □ 水筒
- □ 移動ポケット

小1の場合、真夏以外は500ml〜1Lの水筒でOK。先輩ママたちに人気の水筒は「サーモスのHYDRATION」「TIGERのSAHARAと強ゾコステンレス」「象印のシームレスせん」でした！

Check List

名前付けグッズ

- □ 洋服タグ用お名前シール
- □ 算数セット用お名前シール
- □ お名前スタンプ
- □ 布に貼れるお名前シール

名前付けグッズは３月に発注が殺到するので、入学説明会で説明を聞いたらすぐ注文！　小１はすべてひらがなで。シールかスタンプ、どちらかでもOK。

袋・バッグ類

- □ 手提げ袋（レッスンバッグ）
- □ 上履き入れ
- □ 体操着袋
- □ その他の巾着袋

学校指定でサイズが決まっている場合もあるので、購入する前に必ず確認を！

必需品

- □ 体操服
- □ 赤白帽
- □ 上履き
- □ ぞうきん
- □ 給食着（必要な場合）
- □ 防災頭巾（必要な場合）

学校指定の場合もあるので購入前にチェック！

あると便利！

- □ コインケース
- □ 電動鉛筆削り
- □ 電動消しカスクリーナー

小学校は現金での集金が多いので、コインケースを自宅に備えておくと急な場合でも対応できます。

防犯アイテム

- □ GPS
- □ 防犯ブザー

子どもだけで移動する時間も増えるので、準備しておくと安心。防犯ブザーは学校から配られる場合もあります。

Memo

※学校によっては不要な物もあります。確認してから購入してくださいね。

後悔しない
ランドセルの選び方
～先輩ママたちのリアルボイス～

ここが良かった！

工房系の丈夫なものにしたら、
男子が乱暴に扱っても
キレイなまま！　無傷！

ララちゃんランドセルの
マジかるベルトは
小柄な子でも軽々と背負える

ふわりぃの暗くなったら
光るタイプは目立って良い。
安全第一！

ニューランドは
軽くてガバッと開き、
出し入れしやすい。
背中に汗をかかない！

神田屋鞄は
セミオーダーできるので
自分だけのランドセルが
作れます

男の子だけど
ラベンダーが良いと言われ、
迷ったけど子どもの意見を尊重。
本人が嫌になったときは
黒のお下がりをもらえば良いと
思ったら気がラクになった

子どもと親の好みが
分かれそうだったので、
この店ならどれを選んでもOK
と思える店に連れていった。
結果、親子ともに満足！

刺繡たっぷり＆お姫様感
ゴリゴリなデザインが嫌だけど、
子どもはお気に入り

Column

「体格や体力を考えた上で実際に背負ってみるのが一番」

とはいうものの、何を重視するか迷う〝ラン活〟。

先輩ママたちのリアルな声を参考にしてくださいね。

ちなみにラン活開始時期は
「年長の4〜6月」と「年中の1〜3月」が多かったです。

ここが後悔！

自動ロックがないのが残念。
手動が嫌だという子が
周りにも多い

〝良いものを〟と思い決めたけど、
子どものためには
軽さを重視すべきでした

工房系にしたけど、
高さがあまりないのか、
指定の連絡帳入れが
折れ曲がってしまう。
A4ならぴったりだけど、
それより少し大きいと
折れちゃうのが難点

先輩ママに人気だったランドセルブランド

人気順

土屋鞄、池田屋、セイバン、ふわりぃ、グリローズ、
ララちゃんランドセル、フィットちゃん、
黒川鞄、ニューランド、鞄工房山本

第3章

残り半年で
我が子のために
してあげられること

自宅の方向がわからなくなったり
あれ？どっちだっけ…
西小学校
友達の家までついていき迷子になったり
じゃーね！
はっ
雨具が思い通りに扱えなかったり
うまく畳めない…
レインコート
傘
どうやって巻くんだっけ？
傘と荷物を同時にうまく持てなかったり
あっ
落としちゃった
できれば雨の日も
登下校さながらに一緒に歩いてチェックできると安心よね〜！
他にも…
見通しの悪い道路で飛び出してヒヤリハット!!
あぶないっ
なんてことも！
交通安全のルール確認も忘れずに！
道路を渡るときは横断歩道のところね
青信号がチカチカしたら渡らないよ！
うん！

「まずやるべき準備」と「余裕があればやりたいこと」TODOに優先順位をつけて賢く入学式を迎えよう

保育園児のうちに小学校入学に向けた準備を……といっても、年長さんの年明けからは怒濤の日々が始まります。1月から3月は本当にあっという間。なのでそれよりもっと前の、比較的余裕のあるうちに少しずつ準備を進められると、親も子も気持ちにゆとりが生まれるのでおすすめです。ここでは、

優先してやっておいてほしい【これだけは！】
意外と盲点になりやすい【じつは大事！】
ここまで練習しておけば入学後がグンとラクになる【余裕があれば！】

の3つに分けて、「入学に向けた準備」をご紹介します。もちろん、すべて完璧にできる必要はありませんので焦らずに。練習できるものだけでも試してみてくださいね。

【これだけは！】一人歩きとお留守番。安全のための確認は最優先

最優先で準備してほしいこと、それは「子どもの安全を守る」ことです。何よりも大切な「お子さんの命を守るための準備」は必ずやっておいてほしいです。

小学生になると一人で登下校したりお留守番したりする機会が増え、少しずつ親の手から離れていきます。

親がいなくても**自分で状況を判断する力が必要になってきますので、園児のうちから親子で一緒に、「こんなときはどうする？」とルールの確認をしておく**ことが大切です。

登下校するときの安全を確保

みなさんは「魔の7歳」という言葉を聞いたことがありますか？

歩行中の交通事故の死者・負傷者数を年齢別に見たときに、7歳が突出していることからそう呼ばれています（**「魔の7歳」について、くわしくはP.156へ**）。

一人で外を歩く機会がいきなり増える小学1年生は、交通事故に遭う確率がグンと高ま

る時期。未就学児のうちに、家の周りや通学路を親子で散歩しながら、交通ルールを教えたり、危ない場所を一緒に確認したりしておくと安心です。

お留守番するときの安全を確保

年長さんになったら、一人でお留守番する練習も少しずつやっておきましょう。

「インターホンが鳴っても出ない」「ベランダやキッチンは立ち入り禁止」「地震が起きたらダイニングテーブルの下に隠れる」などの**ルールや、何かあった場合の連絡手段をあらかじめ決めておく**ことが大切です（我が家は留守番中に何かあればアレクサに呼びかけてビデオ電話をかけてもらうことにしています）。

お留守番デビューはまずは10分くらいから、徐々に時間を延ばしていくと良さそうです（**一人でお留守番するときの注意点について、くわしくはP.158へ**）。

一人で登下校するときも、お留守番するときも、持っていてほしいのが「防犯意識」。すぐには身につかないものなので、未就学児のうちから絵本などを使ってくりかえし言い聞かせることが大切です。

入学前に、性教育についてわかりやすくまとめた絵本を読んでおくのもおすすめ。「自分の身は自分で守る」ということを、折に触れ、時間をかけて教えていきたいですね。

【これだけは！】身支度の練習。雨の日も忘れずにチャレンジ

先生がたくさんいて、困ったことがあれば助けてもらえた保育園時代と異なり、小学校にあがると基本的に、身の回りの支度を全部自分でやらなくてはなりません。小学校の先生方に聞くと、昔と比べて**「身支度が自分でできない子が多く、先生の手が足りない」というシーンが多い**ようです（我が子もできないことが多く、耳が痛い話です……）。

例えば、雨の日の登下校。意外と雨の日に一人で歩いた経験がない子が多く、うまく傘をさせずにびしょ濡れになってしまう子や、濡れた傘をクルクルと巻いて留められない子、レインコートをたためない子が続出するとのこと。入学前に数回練習しておくだけでも違うので、ぜひやってみてください。

また、トイレの練習も大切。よく言われる和式トイレの練習は、意外と練習場所がなくて経験させてあげられないので、外出先で和式トイレを見つけたらすかさずトライしてみましょう。

小学校が新しくてすべて洋式トイレだったとしても、遠足や林間学校などで出かけた先に和式トイレしかないケースもあります。

そしてお子さんにぜひ伝えてあげてほしいのが、**授業中であってもトイレに行きたいときは遠慮なく先生に伝える**、ということ。先生方によると毎年、我慢しておもらししてしまう子がいるようです。

そのほか身の回りの自立として、立ったまま素早く着替える・靴を脱ぎ履きする練習をおうちでもやっておきたいですね。入学までに上手にできなくても、1年生になったらいつの間にかできるようになることもあるので、焦らず、ゆっくりで大丈夫です。

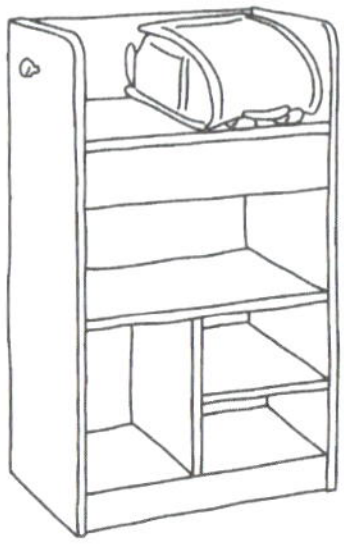

【これだけは！】授業を楽しく受けるための準備でギャップを減らす

小学校に入学した子が一番ギャップを感じるのが、**「遊び中心だった園時代から、勉強（授業）中心の生活になる」**ということでしょうか。

学校生活の大半が授業になるので、授業についていけなくなると学校がつまらない場所になってしまう可能性もあります。

「授業を楽しんで受けるために身につけておきたいこと」として先生方に教えてもらったのが、**自分の名前を読み書きできること、文房具に慣れておくこと、座って人の話を最後まで聞けること。**

とくに勉強などを一切やらない園の場合は、おうちで「正しい鉛筆の持ち方の練習」「消しゴムで消す練習」「椅子に座って一定時間集中する練習」を少しずつしておくと良いかもしれません。

また、入学前から数に親しんでおくのもおすすめ。

5までの数字の足し算・引き算や、数を数える練習などをしておくと、算数の授業がスムーズに受けられます。

【じつは大事!】「困っていることを人に伝える力」を養おう

小学校の先生方が挙げる「小学校入学までに身につけたいこと」のひとつに「**困ったとき、人に話せる力**」があります。個人的には、一番大切な力なのでは? と思うほどです。

保育園時代は先生の数も多く、困っていると黙っていても先生が声をかけて、助けてくれたケースが多かったと思います。

でも、先述の通り小学校では30人前後のクラスに先生が一人、というケースがほとんど。黙って困っていても、先生は気づいてくれません。

トイレに行きたい、忘れ物をしてしまった、友達に嫌なことをされた……など、**困ったことがあったら、自分から先生に伝えたり、周りのお友達を頼ったりしなくてはならない**ですよね。

我が家の子どもたちには、外食の際に自分でオーダーしてみたり、駄菓子屋さんで買い物してみたり……という経験を未就学児のうちから意識的にさせるようにしていました。親がなんでもやってあげるのではなく、子どもにやらせてみると、「そもそもどんなふうに話しかければいいのか」「声の大きさはどのくらいなら聞こえるのか」など、子どもなりにいろいろ考えるようです。

園時代にはなかなか身につきづらい敬語を使う練習にもなりますので、保育園の先生や家族以外の大人と話す経験をたくさんしておくと、小学校に入ってもスムーズなのでは？と感じています。

【じつは大事！】どんなにあっても困ることはない体力づくり

同じく大切なこととして、「体力づくり」が挙げられます。

体力は一朝一夕には身につきませんが、いつ始めても遅くないのでぜひ意識してほしいところです。

というのも、新1年生の小さな体にとっては、教科書やタブレットが入った重いランドセルを背負い、歩いて登校するだけでもかなりの重労働だからです。
新学期の朝、下駄箱のところで疲れて座り込んでしまっている新1年生もいるとか……。とくに**家から学校までが遠い子や小柄な子は、登校だけで体力を使い果たしてしまう**可能性があります。

また、どんな子であっても**慣れない環境で緊張し、気を遣って、入学したての頃はとても疲れます**。大人でも同じですよね。

我が家の息子は比較的体力があり、保育園時代はなかなか寝ないタイプでしたが、小学校に入学した途端、寝るのが早くなりました。入学してしばらくは体力が持たず、翌日の準備もそこそこにソファで寝落ちすることもしばしば。

つまり、どんな子も体力はあるに越したことはありません。ぜひ余裕がある今のうちに、親子で一緒に散歩する、運動系の習い事を始めてみるなど、少しずつ体力づくりに取り組んでみてほしいです。

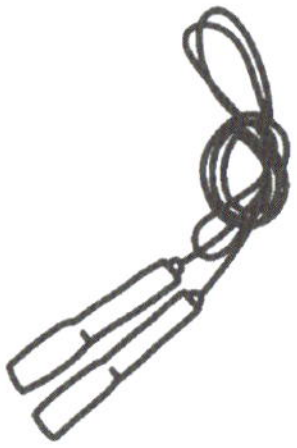

【じつは大事！】平日でも休みやすい今のうちに思い出づくり

意外と見過ごされがちなのが、**「園時代の思い出づくり」**。

保育園は平日でも気軽に、親が仕事を休む日は子どもを休ませることができます。しかし、小学校にあがるとどうしても平日は休みづらくなってしまうのです……。

もちろん入学後も、平日にお休みして旅行などをするご家庭もあります。が、欠席した日のフォローなど先生方に若干のご迷惑をおかけしてしまうこともあり、保育園と比べて休みづらいのは事実です（我が家はただでさえ先生方にご迷惑をおかけしているタイプなので、体調不良以外では欠席しないように努めています）。

つまり、**大手を振って平日休めるのは保育園児の特権。**

有給の許す限り、休みが取れる限り、平日の空いている観光地やテーマパークを今のうちにぜひ満喫してください！

そしてもうひとつ盲点なのが、**小学生になったら旅行料金・入場料などがかかる**こと……。電車などの運賃もかかるようになってきます。

「未就学児無料」のうちに、たくさんお出かけして、旅行や食べ放題にも行って、いろんな思い出をつくってくださいね。

【余裕があれば！】練習しておくと入学後がグンとラクになる10のこと

さて、ここまで入学前にやっておきたいことについて触れてきましたが、さらに余裕があったら練習しておくと安心なことについて挙げていきます。

大事なことなので何度も言いますが、決して「すべてできるようにならなければ」と焦る必要はありません。

完全にできなくても、**1〜2回練習したり、普段から声掛けしたりしておくだけでも全然違う**ので、ぜひ気負わずに取り組んでみてくださいね。

余裕があったら練習しておくと安心！　10選

- アナログ時計を読む
- 右と左を理解する
- ひらがな、カタカナを読む
- 服を一人でたたむ
- あいさつや返事をする
- 名札の安全ピンをとめる
- 相手が言い終わるまで待つ
- ぞうきんをしぼる
- 巾着袋の開け閉め
- 給食の配膳に備えてご飯や汁物をよそう

全部できなくても大丈夫だけど、
できたら入学後、お子さんが
ラクになるよ！

1年生の教室
あるあるエピソード

小学1年生の担任をしたことのある先生方に、
1年生の教室でのあるあるエピソードを教えていただきました。
かわいいものから驚きのものまで盛りだくさんです！

授業中
トイレに行きたいと言えず、
おもらし

学校からの帰り道に迷子。
教室移動でも迷子

一人がトイレへ行くと
みんな行きたがる

午後の授業で
寝ちゃう。
お昼寝のあった
元保育園児あるある

ランドセル空っぽで登校。
ランドセルを忘れて帰る

Column

プールのとき、
誰かのパンツが
床に落ちている(笑)

「ママ～」
「お母さん」と
呼ばれること多め

クラス全員一斉に
「ねぇねぇせんせ、せんせ
聞いて聞いて」

パンツを
はいたまま
水着を着る

液体ノリの
内蓋を外していなくて、
ノリが出ない子続出

給食を
おかわりしすぎて
吐いちゃう

「ハサミとノリを出しておいてね」で
全員分のハサミとノリが
教卓に載ってた

第4章

共働き世帯の味方「学童」ってどんなところ？

4月1日
わからないことは聞いてね!
上級生は1年生たちの面倒見てあげてね~
上級生たちって大きいなぁ…
キンチョー
5月中旬
ユウト君、1枚落ちたよ
はい コレ!
ありがとう
よしユウト!絶対勝つぞ
3年生
早く やろーぜ♪
ドッジボール
俺がんばる
あっ お帰りなさい
今ユウト君2年生と一緒にけん玉やってて…
声かけてきますね!
ありがとうございまーす!
今日は先生にコマ回しと竹馬教わったんだ!
うまくできたよ!
スゴーイ!
慣れてきて楽しそうね~!
宿題もやらせてもらえるし…
学童さま!!
ありがたや~!

我が子が学童を楽しんでくれると親の負担は心身ともにグッと軽くなる！

保育園と比べてなぜか圧倒的に情報の少ない「学童」。**学童は働く親の味方で頼もしい存在であると同時に、学校とは違うお悩みが生まれやすい場所でもあります。**

この章では学童のリアルについてお届けしつつ、学童ならではのお悩みの解決策も一緒に紹介していきますね。
※ここで言う「学童」とは、小学校の敷地内など、学校に近接している「公設学童」をイメージしています。

共働き家庭が最初にぶつかる「4月1日の壁」

年長さんのママとパパにまず知ってほしいのが**「4月1日の壁」**問題です。

保育園には年度最終日（3月31日）まで登園し、新年度初日（4月1日）から学童デビユーするご家庭が多いのですが、ここが意外と盲点なんですね。

この**「年度の切り替わりのタイミング」が週末だと、子どもも親も少し休めるので良いのですが、問題は、平日の間に切り替わる年。**これが正直、大変なんです。

3月31日、保育園では感動の最終日を迎えます。卒園式はもっと前に終わっている園が多く、31日は通常通りの一日。仕事を終えたママ・パパが夕方お迎えに来て、担任の先生やクラスのお友達と涙のお別れをします。長いと6年間もお世話になった保育園ですから、感極まるのも無理はありません。

でも、**そんな感動の余韻に浸っている間もなく、翌日からは容赦なく学童での新生活が始まります。**学童には保育園の「慣らし保育」のような仕組みはありませんので、初日から朝〜夕のフルタイム学童です。

もちろん自主的に「初日は午前中だけ」など慣らし期間を設けることは可能ですし、実際にそうされるご家庭もあります。ただ、4月は入学式や懇談会など平日に仕事を休まなければいけない日が何日かあるので、春休みには休めない……というご家庭のほうが多数派です。

同じ園からのお友達がいれば少しは心強いのでしょうが、知り合いゼロの学童に入所する新1年生もいますよね。我が家の息子もその一人でした。最初は友達もできないし、おもちゃを貸してくれない怖い上級生はいるし、学童の支援員の先生は保育園の先生ほど細やかじゃないし（「学童あるある」です）で、「学童好きじゃない」と言っていた息子。でも**数日経った頃にはその環境にも慣れてきて、子どもの適応力の高さに驚いた**ことを覚えています。

そして、子どもも大変ですが、親もまた大変。新年度で仕事も慌ただしい時期なのに、学童デビューした我が子が心配で正直、仕事

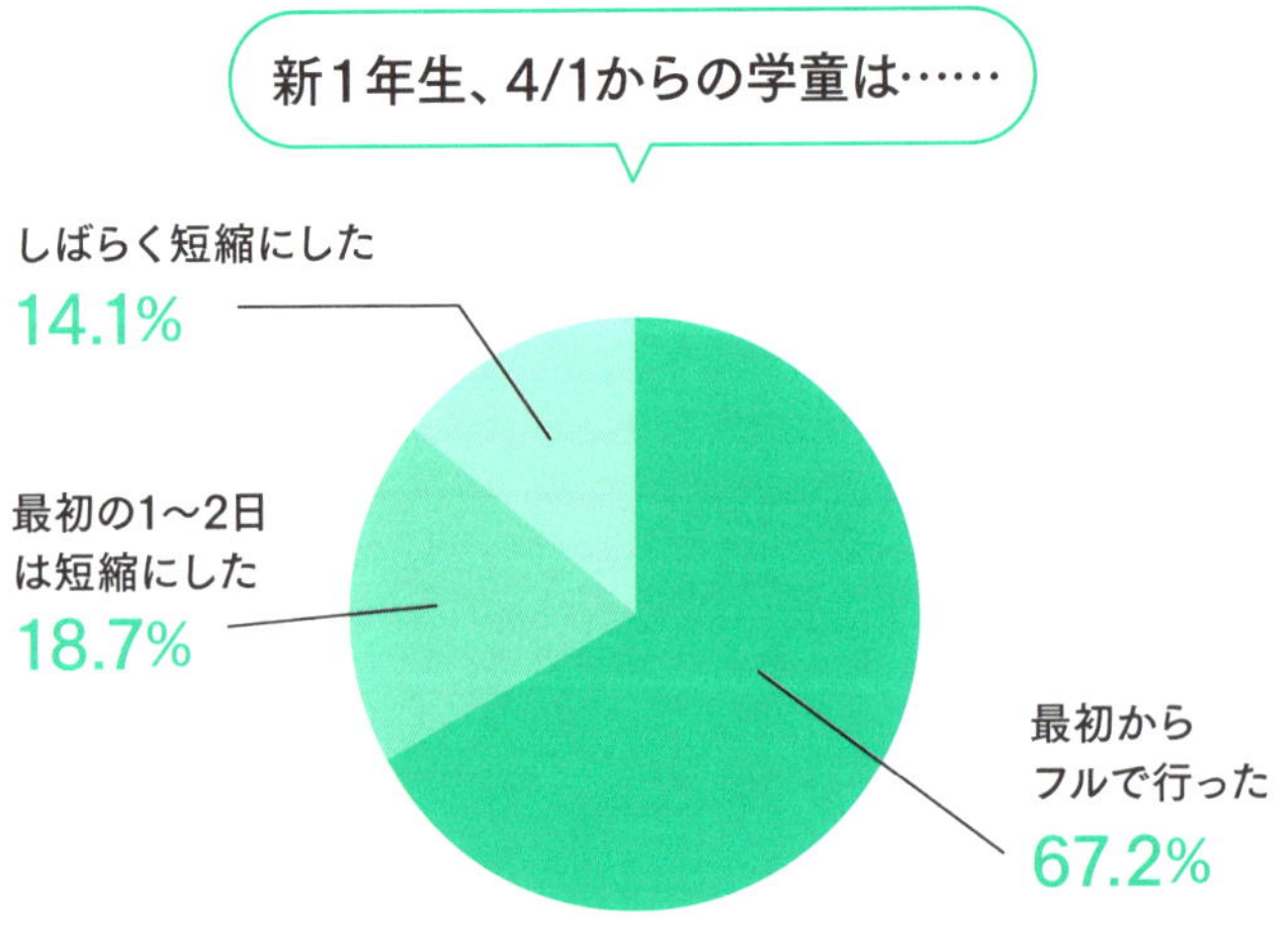

新1年生、4/1からの学童は……
しばらく短縮にした
14.1%
最初の1～2日
は短縮にした
18.7%
最初から
フルで行った
67.2%

どころではありませんでした。急いでお迎えに向かうも、一人で過ごす我が子を見つけて胸が締めつけられる思いをした日もあります。

また、**春休み中はお弁当が必要な学童が多く、環境の変化とお弁当作りのための早起きで親はヘトヘト。**この時期は親も子も、試練のシーズンです。

でもこの状況にもじつはメリットがあるんです。入学式までの1週間程度を学童で過ごすと、**新1年生のお友達や顔見知りができて、入学後の気持ちが少しラクになる**ようです。

さらに、長期休み中は基本的に親の送迎が必須な学童が多いので、入学式までの1週間で親と一緒に登下校の練習ができるという利点もあります。

「学童と保育園は違うもの」と思っておくとラク！

保育園のような感覚で学童に入ると、「あれ、思ってたのと違う……」と感じるシーンがあるかもしれません。学童デビューしてすぐのママ・パパからは「保育園の先生はやさしかったのに、学童の先生はちょっと怖い」「初日、親子でドキドキしていたらサッサと中に連れていかれてしまった」など、戸惑いの声がよく聞こえてきます。

手厚くお世話してくれていた保育園と異なり、**学童の基本スタンスは「子どもを見守る」ことなので、あまり期待しすぎないくらいがちょうど良い**かもしれません。

例えば、ちょっとしたケガなら保護者への連絡はなかったり、お友達とケンカしたことを訴えても子ども同士で解決するよう言われたり。最初は不安に思うこともあるかもしれませんが、大丈夫。親も子も「そういうものだ」とだんだん慣れてきます。

そして本当に困ったときは、遠慮せずぜひ学童の先生に相談してみてください。親身になって聞いてくれる方が多いはずです。

デメリットも多少あるけれど、メリットが上回る学童ライフ

よく聞かれる学童のメリットとデメリットですが、個人的にはメリットのほうが多いと感じています。入学してすぐのメリットは先述の通りですし、放課後に**大人の目がある安全な環境で、子ども同士思いっきり遊べる**のは最大のメリットですよね。

クラスや学年を超えた友達・知り合いが増えますし、上級生との関わりも下級生の面倒

を見ることも良い社会勉強になっていると感じます。

また、多くの学童では毎日宿題の時間があり、みんなで一斉に宿題をします。

我が家の長男は小3になるタイミングで学童を卒業せざるを得なくなったので、毎日家で宿題に取り組ませていますが、その大変さを知った今、**学童で宿題を済ませてくれていたのは大きなメリット**だったと痛感しています。本やマンガもたくさんあるので、読書の時間にいろいろな本を読めたことも、息子は楽しかったようです。

学童にはコマやけん玉などの「昔ながらの遊び」を教えてくれる先生が多いようで、子ども同士でよく盛り上がっていました。工作教室や季節のイベントを開催してくれる学童も多くあります。

学校の敷地内にある学童では校庭で外遊びをすることが多く、体を動かすのが好きな子には最高の環境です。そして学童には多種多様なカードゲームやボードゲーム、ブロックなどのおもちゃが用意されていて、雨の日も暇になることはありません。**家にいるとどうしてもゲームやYouTubeに時間を使いがち**なので、さまざまな遊びを体験できるのはありがたいですよね。

一方のデメリットですが、一般的には**「長期休み中のお弁当作りが大変」「サービスが手厚くない」「閉所時刻が早い・長期休み中の開所時刻が遅い」「保護者会が大変」**などが挙げられます。学童によって異なるので、見学の際に確認しておくと安心です。

そのほか、「学童の先生が怖い」と感じる子がいたり、上級生の影響で言葉遣いが悪くなってしまったり、といったデメリットを挙げるご家庭も多かったです。学童の洗礼、といったところでしょうか……。

トラブル発生！「学童に行きたくない」と言われたら

保育園では年長クラスで一番年上だったのに、小学校に入学したら急に一番下の学年に。**上級生の立ち振る舞いを見て圧倒されたり、怖がってしまったりするのは「学童あるある」**です。おまけに先生も怖かったり、少し冷たく感じたりすると、学童に行き渋りしてしまうケースも。

共働き世帯にとって学童は命綱のような存在なので、「学童に行きたくない」と言われると本当に困ってしまいますよね。

ちなみに、インスタグラムでアンケートを取ったら、半数近いご家庭が学童でのトラブルを経験していました。**上級生にからかわれたり、お友達にいじわるされたり。それが続くようなら、まずは学童の先生に相談**しましょう。いつもより気にかけて、注意して見守ってくれるはずです。

もし先生に問題がある場合は、利用者アンケートに記入したり、その学童の責任者に話したり、公設学童であれば役所の担当部署に相談したりするのもひとつの手。

また、子ども同士のトラブルですぐに解決がむずかしそうな場合は、学童だけでなく学校の先生にも伝えておくと、クラス替え等で考慮してくれることもあります。基本的に**学**

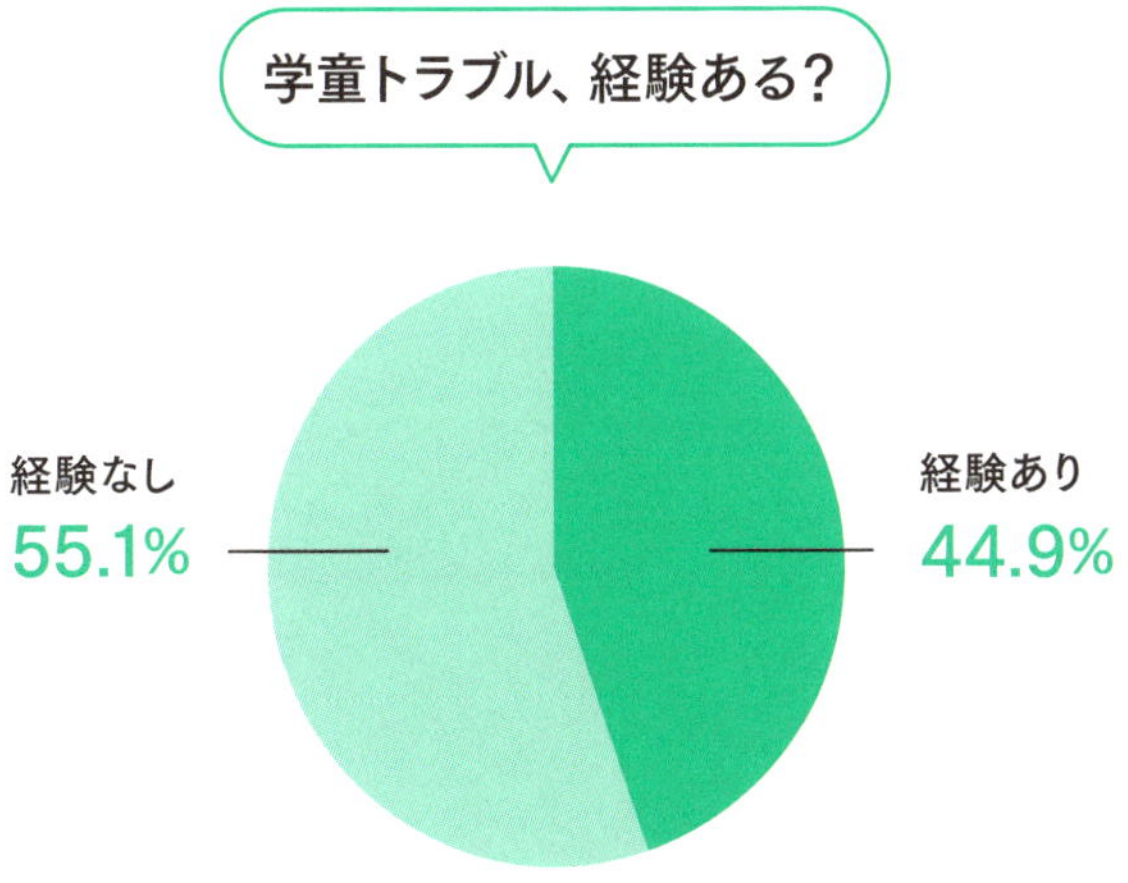
学童トラブル、経験ある？
経験なし
55.1%
経験あり
44.9%

童のことは小学校には共有されないので、心配な場合は伝えておくようにしましょう。

それでも「学童に行きたくない」と言われたときのために、民間学童や放課後子ども教室、送迎付きの習い事なども事前にリサーチしておくと、より安心です。

かゆいところに手が届く民間学童は、公設学童と併用という技も

最近では民間企業が運営する民設の学童も増えてきました。エリアによって、通える範囲に民間学童がないというケースもありますが、近くにあれば、一度見学に行ってみるのも良いかもしれません。公設学童の定員がいっぱいで入れなかったり、「学童に行きたくない」と言われてしまったりする可能性もあるので、**選択肢は多いに越したことはない**からです。

民間学童を利用しているママにメリットを聞いてみました。

まず、サービスが手厚いこと。中には元教師の先生が宿題を教えてくれて、丸付けまでしてくれるところも。音読を聞いて保護者サインまでしてくれる民間学童があると知ったときは衝撃でした。

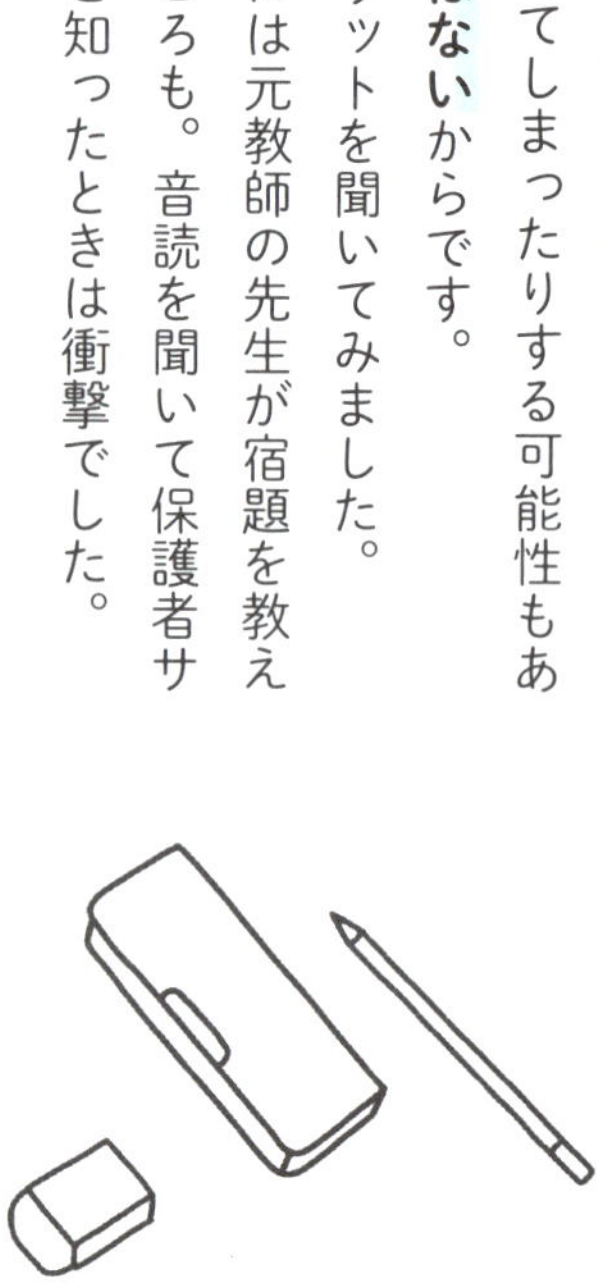

そのほか、**いろいろな習い事ができたり（基本的に別料金）、キャンプや遠足などのイベントも豊富だったり、公設学童と比較するとコンテンツが充実している**印象です。さらに働く親にとってうれしいのが、「家や習い事先まで送迎してくれる」「お弁当を作らなくて良い」「遅くまで預かってくれる」という至れり尽くせりのサービス。

ただ、**圧倒的なデメリットは「料金の高さ」**。月に数万円単位で費用がかかるので、「公設学童と併用して週2日だけ利用している」というご家庭もありました。バリバリ働いて稼いで、民間学童をフル活用する！　という選択肢もありますね。

罪悪感が生まれがちな夏休みの学童通いには、意外な利点も

学童ライフでの最大のハードルといえば、長い長い夏休み。保育園時代は「夏休み」を意識することなく過ごせていましたが、小学校ではそうもいきません。学童に入っていない子が自由な夏休みを満喫する一方で、毎日学童に通う我が子。「かわいそうかな？」とつい思ってしまいがちですが、じつはメリットもたくさんあります。

まず、**長期休み中でも規則正しい生活が送れる**こと。勉強、読書、遊びの時間がしっか

り決まっているので、生活リズムが崩れず、学習や運動習慣も途切れないことは大きなメリットです。

また学童によりますが、**夏祭り、サマーキャンプ、プール、流しそうめん、映画鑑賞会など、さまざまなイベントを主催してくれる**ところも。我が子も学童のイベントはとても楽しんで参加していて、良い思い出になっているようです。

そして、とくに低学年に言えることですが、長期休み中はお友達との約束がしづらく、なかなかクラスメートに会えなくなります。でも、**学童に行けば毎日友達と会えて思いきり遊べる。**これもメリットだと思います。

先輩ワーママ直伝！　メリハリをつける夏休みテクニック

とはいえ、せっかくの夏休み。少しでも親子で楽しい思い出をつくりたいですよね。先輩ワーママたちに教えてもらった「学童っ子のためにしている夏休みの工夫」を紹介するので、夏休みに学童を利用する際の参考にしてみてください。

一番多かったのは**「親も平日に休みを取り、旅行やプールなどのお出かけ日をつくる」**

という意見。「夏休み後半に旅行の予定を入れて、その楽しみを糧にがんばってもらう」という声も（これは親も同じですよね。私も旅行を楽しみに仕事をしているようなものです）。

そして**「平日は学童でがんばってくれているぶん、土日は思いっきり予定を入れて楽しむ！」**というご家庭も多かったです。

しかしこの方法は、我が家もそうでしたが、夏バテも相まって親の体力がかなり削られるのと、夏休みの宿題が進まないことが盲点でした……。保育園時代はただ遊ぶだけだったのでラクだったなとしみじみ。この時期は工夫だけでなく、多少の根性も必要なようです（くれぐれも体調には気をつけて）。

学童から一人で習い事に行けるようになれば、**短期の習い事や夏期講習**を入れてみるのも良さそうです。また、**子どもだけで参加できるサマーキャンプや自然体験教室**に申し込む、という手もあります。

民間団体主催のキャンプなどは、（首都圏開催の場合）都内のターミナル駅に8時半頃集合して夕方解散というパターンが多いので、パパかママのどちらかが出勤途中に送っていき、退勤後に迎えに行くというこ

とが可能です。また、仲の良いお友達と一緒に申し込んで、ママ友やパパ友と送り迎えを分担するという方法もありますね。

仕事が忙しくてなかなか休みが取れない……という場合でも、**「新しい本やドリルを買ってあげる」「学童の勉強時間用に、手作りのワークを作ってあげる」「仕事を早めに切り上げ、夕方ファストフード店に行ってソフトクリームだけ食べる」**など、素敵なアイデアがたくさんありました。どれもきっと、子どもにとっては大切な夏休みの思い出になると思います。

保育園時代と比べ悩むことも多い学童の夏休みですが、工夫次第で単調にならず、毎日楽しく過ごすことができます。学童でお友達との時間をめいっぱい楽しみながら、ご家庭でも夏休みの思い出がつくれるといいですよね。

(考えるだけでもつらくなる夏休み中のお弁当作りについては、P.82へ)

学童を卒業するタイミング、一番多いのは小3の終わり

子どもにとって学童は、**学校とも家庭とも違う「サードプレイス」のような存在**です。息子は小2まで学童にお世話になり、小学校はつまらなくても「学童は楽しい！」とよく話していました。

ただ小3くらいになると、「学童に行かず、家で自由な時間を楽しみたい」「学童以外の友達とも遊びたい」「学童に仲の良い友達がいないから行きたくない」という子どももだんだん増えてきます。

インスタグラムでアンケートを取ったところ、**学童を卒業した時期で一番多かったのは「小4になるタイミング」**でした。

息子は小3になるタイミングで、定員超過のため学童を卒業せざるを得ない状況になりましたが、できることなら3年生の終わりまでは通わせたかったです。

（学童卒業後の放課後や長期休暇の過ごし方については、P.175へ）

長期休みの学童弁当
ママたちの時短テクニック

長期休み（とくに夏休み）中、一番大変なのが学童のお弁当作り。
先輩ワーママたちはどうやって乗り切っているのか、
時短テクニックを教えてもらいました。

企業努力に感謝して、冷凍食品・加工食品に頼りまくる

夏は傷むのが心配なので、
自然解凍OKの冷凍食品を
保冷剤代わりに

加熱不要のソーセージや
ミートボールで、
冷ます時間を短縮

固定メニュー&ルーティン化で脳のリソースを節約

スタメンを決め、メイン以外は
毎日ほぼ同じメニュー

詰める場所も固定しておくと
朝悩まなくて良い

意外と子どもも喜ぶ一品料理にする!

オムライスやタコライス、焼きそば、
冷凍たこ焼きで全面を埋める

スープジャーやミニ水筒を活用して
カレーやそうめんの一品料理

Column

ふだんからおかずを多めに作る

お弁当に使えるメニューで
夕飯を考える

人参ナムル・ひじき煮・
きんぴらなど数種類の惣菜を
作って冷凍ストック

とにかく無理しない・がんばりすぎない

市販の惣菜パンの日も！

おにぎりだけでもOK！

時間がない日はコンビニ弁当や
スーパーのお惣菜をそのまま詰め直す！

まだまだある！　Nice Idea

学童弁当作りのこんなアイデア

- 毎日お弁当箱を洗うのがしんどいので
  100均の使い捨てパックを使う
- 冷ます時間がない日はアツアツのまま保温ジャーに
- 詰めるのはご飯のみ。
  おかずにレトルトカレーを持たせる
- ゆでた冷凍うどんにポーション調味料。
  具材はカニカマやきゅうりで！

学童準備品リスト

学童によって必要なものが異なるので、
学童の説明会の後に購入するのがおすすめ！

長期休暇用のリュックサック

長期休暇中の学童ではランドセルを使わず、リュックを使うところがほとんどです。保育園で使っていたリュックをそのまま使ってもOKですが、とくに夏休みは水遊び用のタオルや着替え、水筒、お弁当箱もあって荷物が増えるので、**少し大きめのリュックだと安心です。**

先輩ママたちに聞いた「おすすめのリュックブランド」ベスト3はノースフェイス、OUTDOOR PRODUCTS、コールマンでした。我が家ではすべて使いましたが、デザインの良さに加えて耐久性も抜群だったので、どれもハズレはないと思います！

お弁当箱セット

食べる量が増えた子はこのタイミングで買い替えを。ちなみに、お弁当箱に主食:主菜:副菜を3:1:2で詰めた場合、お弁当箱のサイズ(容量)とカロリーはほとんど同じだそう。6〜7歳の給食でのエネルギー摂取基準(文部科学省による)は560kcalなので、550mlくらいのお弁当箱を基準に選ぶとちょうど良さそうですね。先輩ママたちからは「スケーター」のお弁当箱が人気でした! お箸・スプーンセットやお弁当箱を入れる袋も忘れずに!(水筒のおすすめについてはP.46参照)

勉強時間用のドリル・ワーク

新1年生の春休みは、入学前ながら学童で勉強の時間があります。学校の先生いわく、ひらがなを独学で覚えて書き順に変なクセがつくよりは、「点つなぎ」「ぬり絵」「迷路」など、運筆力を高めるドリルを用意するのがおすすめとのこと。さまざまな「入学準備ドリル」なども売られています。お子さんの好きなキャラクターのものなら、やる気もアップしそうですね!

第5章

小学生ママの働き方

～退職の危機は
どんなときに訪れる？～

4月1日
今日からメイは学童ね
リクの送りは俺が行くよ！
ハイあーん
じゃメイは私が行く！
メイ、一人で行くの不安だなぁ
学校も…ママと一緒に行きたい
新しい環境に慣れるまでは
子どもだって大変だよね…
…OK！一緒に行こ！
その夜
しばらく午前はリモートできるから二人で分担しよう
園の送りと登校の付き添い交代でどう？
ホント？助かる！
あ、懇談会のお知らせ
やっぱり平日なのね〜
4月は仕事をセーブしといて正解だわ！

子どもの精神的なフォローに時短勤務の終了
フルタイム勤務なんて無理ゲーじゃない!?

これまで、小学校に入学すると急に親の役割が増えたり、保育園ほどサービスが手厚くなかったりする、ということをお伝えしてきました。保育園時代はなんとか仕事との両立ができていたけれど、小学校に入学してから「もしかして、今の働き方を続けるのは無理かも……」と感じるママが増えてきます。ワーママが働き方を変えたり、仕事を辞めようと思ったりする理由と、その対策について深掘りしていきます。

小学生の子を持つワーママが働き方を変える（退職を考える）理由

まずは**子どものメンタル面のケア**です。学校に行きたくない、あるいは学童に行きたくないと言われることが続くと、小１の子どもを一人きりで長時間過ごさせるわけにもいきませんから、「このまま仕事を続けられるのかな……」と、どの親も心配になりますよね。

　ほかにも小学校ではお友達トラブルなどが起こりやすく、そのたびに子どもの話を聞いたり学校の先生に相談したり、時間も精神力も削られがち。私も平日クタクタで家に帰ってきてから、息子の話を1時間じっくり聞く日もありました。子どものメンタルケアは時間がかかるし、継続的に親がサポートする必要があります。**勉強などと違って外部の手を借りることもできない**ので、自分がやるしかないんですよね。

　たまに、何のトラブルもなく「毎日学校が楽しい」「友達もたくさんできた！」と環境にすんなり順応する子もいますが、アンケートでは少数派。**「我が子も何らかの問題やトラブルに遭遇するだろう」と予測**して、とく

子どもが「学校に行きたくない」と言う日はある？

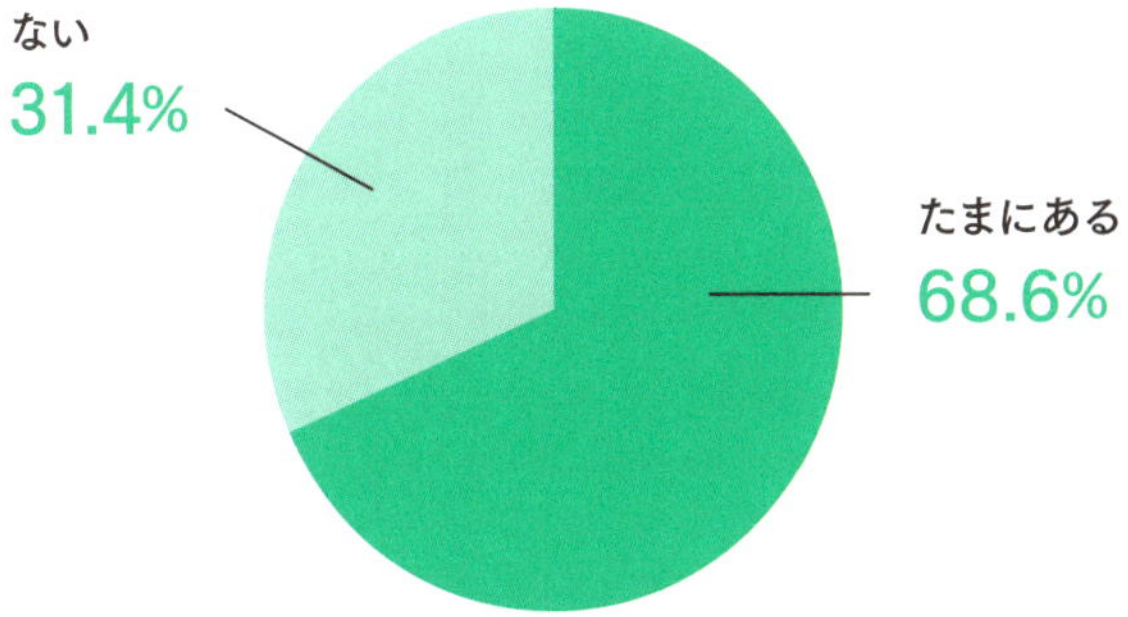

に入学後半年くらいは仕事をセーブし、細く長く就労を継続するイメージで準備しておいたほうが安心です。

そのほか、宿題や習い事、地域によっては中学受験のサポートで両立がむずかしくなるケース、**朝、子どもより親が先に家を出なくてはいけない「朝の小1の壁」問題**もありますが、とくに多いのが「小学校入学のタイミングで時短勤務が終わってしまう」問題です。インスタグラムでアンケートを取ったところ、「時短勤務制度がある」職場は8割以上でしたが、**「3歳まで」あるいは「小学校入学」のタイミングで時短勤務が終了してしまう職場は過半数を超えていました。**

3歳も入学のタイミングも、どちらもめちゃくちゃ大変な時期！　もちろん環境に恵まれていて長時間働ける人はいいんですが、そうでない人もたくさんいる中で、全員フルタイム勤務に戻らなければならないなんて、普通に考えたら無理ですよね……。

小1で時短勤務が終わってしまう場合の対処法

小学校入学のタイミングで時短勤務が終わってしまう職場の場合、まずは**上司や労働組**

合、**人事部に相談**してほしいなと思います。インスタグラムのフォロワーさんの中にも、会社に交渉し時短勤務の延長を実現させた方が何名かいらっしゃいました。時短の延長が仮にむずかしかったとしても、「柔軟な働き方ができる部署に異動願を出す」「週に何回かリモートワークの申請をする」など、**就労を継続するため、あきらめずにぜひ声をあげて**ほしいです。

ほかにも、同じ職場で正社員からいったんパート勤務に変更し、育児が少し落ち着いたタイミングでまた正社員に戻れるよう交渉した方も。交渉しても職場が変わらないようなら、子育てと両立しやすい職場に転職したり、フリーランスに転向したりする道もあります。

もし転職を考えているなら**小1のタイミング**

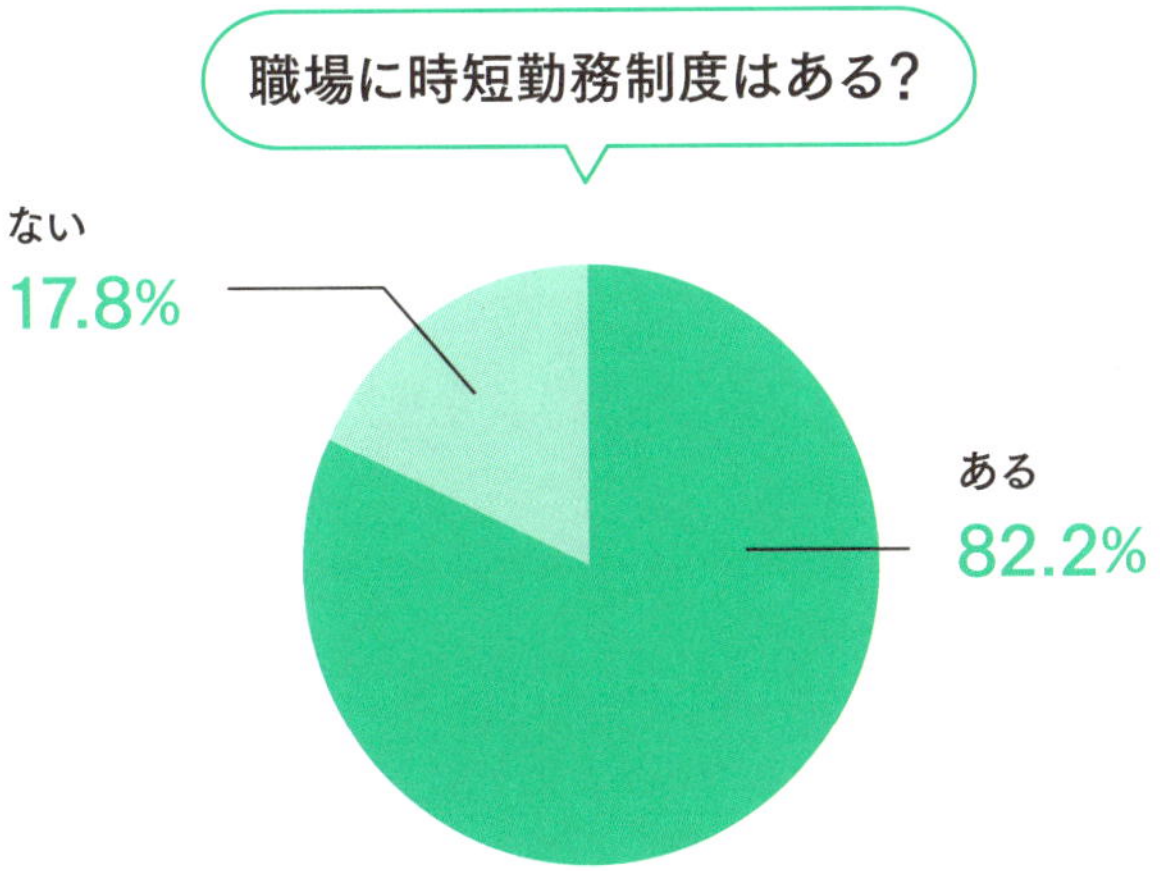

は避け、年長までか小2以降にすることをおすすめします。「まさに今！　壁に直面している」というママも、小1の間は期間限定と割り切り、外部サービスを利用するなどしてなんとか乗り切って。**ただでさえ環境が激変して大変なときに、ママも慣れない職場というのは親子でつらい**ので避けましょう。

小1のタイミング、フルタイム勤務で乗り切るなら

さて、いろいろ交渉はしたけれど、やはりフルタイム勤務でがんばるしかないという場合はどうしたら良いでしょうか。いくつか打開策を紹介できればと思います。

まず、リモートワークやフレックス、時間

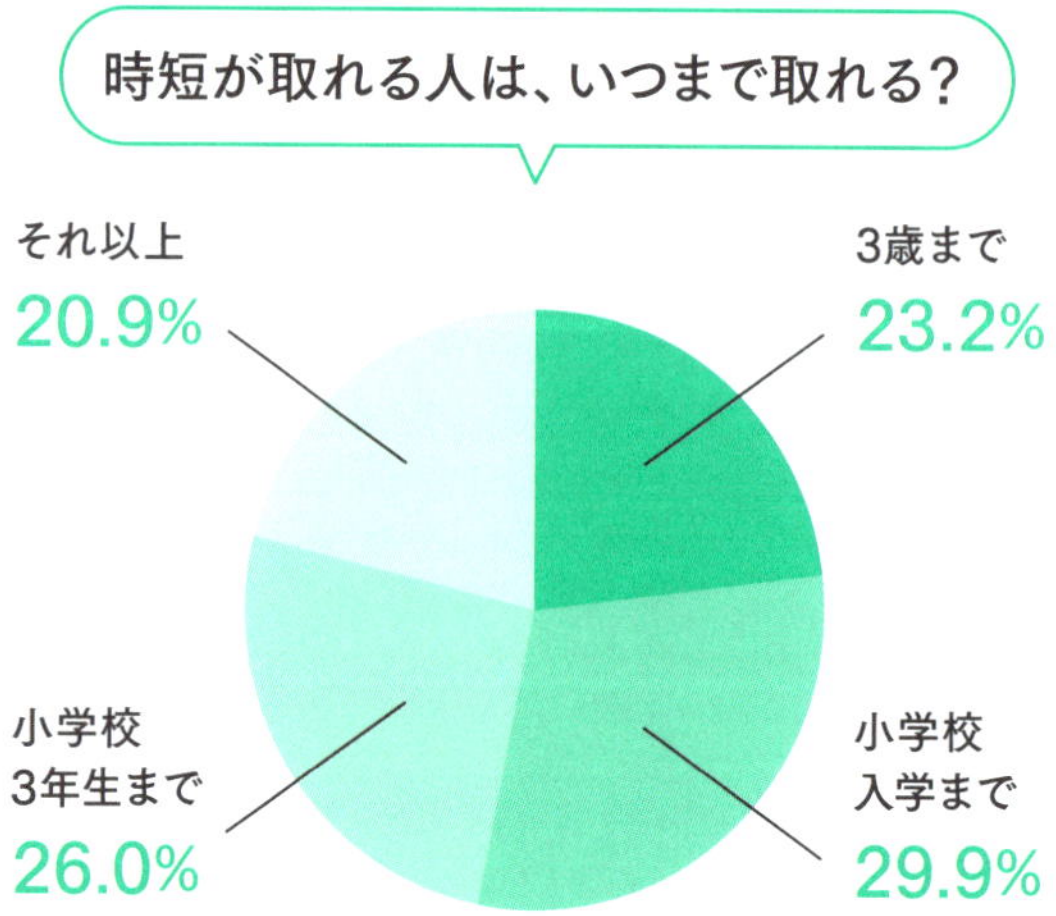
時短が取れる人は、いつまで取れる？
3歳まで
23.2%
小学校入学まで
29.9%
小学校3年生まで
26.0%
それ以上
20.9%

休・半休など、柔軟な働き方ができればできるほど「小1の壁」の難易度は下がります。

とくに**リモートワークは「親が家にいる前提」の小学生育児との相性が良く、「大半の悩みが解決できるのでは？」と感じています。**授業参観の間だけ仕事を抜けるとか、親の同伴が必要な「家でのオンライン授業」などにも対応することが可能ですよね。

またフルタイム勤務をするママは、育児や家事を絶対に一人で抱え込まず、**パパはもちろんのこと祖父母など周りの人をできるだけ巻き込んで**ほしいです。

「フルタイムで働きながら育児も家事もワンオペ」は完全に詰みます。パパとの分担や子どもの家事参加については第8章でくわしく触れますが、負担が自分に偏っていると感じるママは、パパの意識を変え、子どもも一人でできることをどんどん増やし、家族の一員として力になってもらいましょう。

周りでフルタイム勤務ができているママたちには、勤務地が自転車で10分など職場が近い方、終業時刻が早い方が多いです。支店や支社の異動、転職を考えるなら、職場の近さや終業時刻の早さは大事なポイントだと感じています。

時短からフルタイムになり、労働時間が増えることでお給料も上がると思います。増えた分のお金で「民間学童や送迎付きの習い事を利用」「家事をアウトソーシング」できるのもフルタイムの強みです。できるところはお金で解決し、負担を極力減らしましょう。

フルタイム・時短勤務問わず、ワーママは基本的に定時上がりを死守したいもの。**「定時で上がるキャラ」を確立する**とともに、子どもの熱や学級閉鎖など、不測の事態に備えて仕事は常に前倒しで進めたいですね。仕事の進捗や懸念点について普段から上司や周囲と共有しておくと、急に穴をあけることになっても引き継ぎがスムーズです。

私のおすすめは**「そこまで忙しくない時期に、困っている同僚を助けまくって感謝貯金をしておくこと」**です。毎日定時で上がっても文句を言われにくく、急に休むことになっても、快く仕事を引き受けてくれる人が多くなります！

フォロワーさんの中には「ランチを抜いて仕事しています」という方がとても多いのですが、できればお昼はちゃんと食べてほしい……！　なかなかむずかしいところですが、**許容量を超えている仕事の場合は勇気を持って断ることも重要**です。

新1年生の春に仕事をセーブすべき理由

「小1の壁」で一番大変なのは、4月1日から数ヵ月の間。親子ともに新しい環境に慣れるまでは本当にキツいので、私はこの期間、**できるだけ仕事をセーブする**ことをおすすめしています。

入学前後は子どものメンタルも不安定になりやすく、環境の変化で疲れやすいので体調も崩しがち。可能なら週に1回でもリモートワークにして、早めに学童へお迎えに行ったり、学童を休ませたりすると子どもの体力も温存できます。

また、この時期はとくに学校に行き渋りをする子も多いので、朝しばらくは登校に付き添う必要があるかもしれません。リモートにしたり、朝だけ時間休を活用したりするなどして、なんとか乗り切りたいところです。

保育園よりも親の負担が大きい入学後の懸

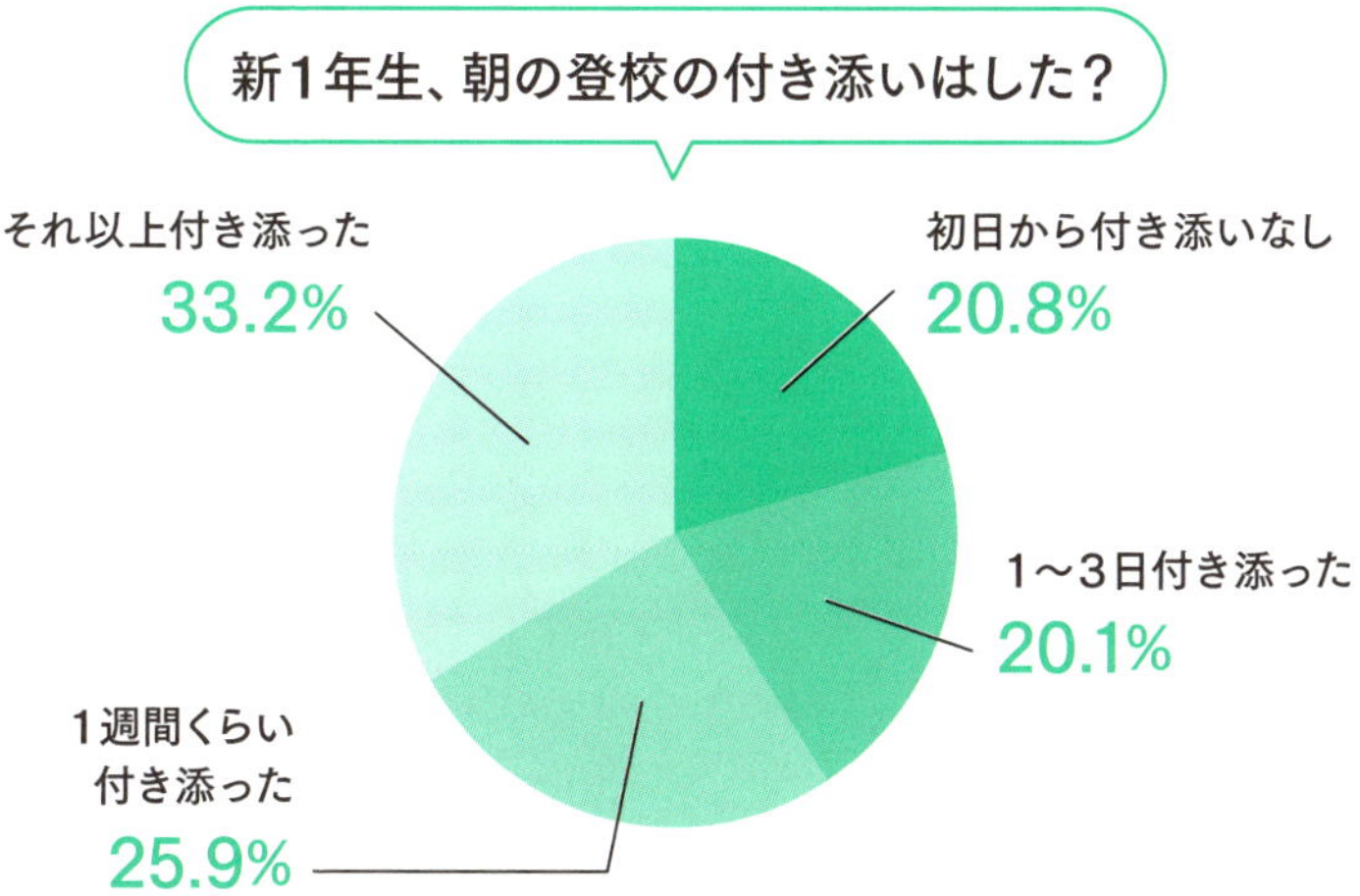
新1年生、朝の登校の付き添いはした？
初日から付き添いなし
20.8%
1～3日付き添った
20.1%
1週間くらい付き添った
25.9%
それ以上付き添った
33.2%

念について職場にあらかじめ説明し、ママ・パパともに仕事を少しセーブさせてもらう、リモートやフレックス勤務など柔軟な働き方ができるよう配慮してもらう、この時期の異動は極力避けてもらうなど、半年くらい前には相談を始めておきましょう。もうすでに半年を切っている場合は「明日にでも相談をする」くらいの勢いで。

「そんなこと職場に言えないよ」と思ってしまったあなた。すぐには上司も職場も変わらないかもしれません。でも、**「小1の子を持つと保育園時代より大変なんだ！」**という多くの人が知らない事実を、ぜひあきらめずに伝え続けてほしいなと思います。何人もから、何年にもわたって同じような訴えがあれば、少しずつ何かが変わるかもしれません。また、あらかじめ伝えておくことで、上司や同僚も少しは心構えができるはずです。

私も長男が入学を控えているタイミングで、当時の上司や同僚に「もしかしたらご迷惑をおかけするかもしれない」旨を伝えました。同じ共働きで、**すでに「小1の壁」を経験している上司は「小学校にあがると本当に大変なんだよね」とわかってくれました**し、その経験がない同僚も「そんなに大変とは知らなかった」と言って受け入れてくれました。

実際に入学後、子どものケガや先生との面談等で半休を取らせていただくこともあり、事前に伝えておいて良かったな、と感じました。育児をしながら働く場合、職場でのコミユニケーションを密にしておくと、自分の身を守ることにもつながると思っています。

ちなみに、インスタグラムでアンケートを取った結果、子どもが入学するタイミングで働き方を変えた人は全体の４割ほどでした。そのうちのほとんどが「仕事をセーブ」したママで、時間を短くしたり、在宅でできる仕事に転職したりした方が多かったです。

小１のタイミングでの働き方で一番多かったのは「時短・パート」。仕事をセーブすることで「心と体の余裕ができ、子どもと向き合える時間が増えた」と感じるママが多いようなので、可能であれば**小１のタイミングで仕事の比重を減らしておくと、壁も比較的スムーズに乗り越えられるかもしれません。**

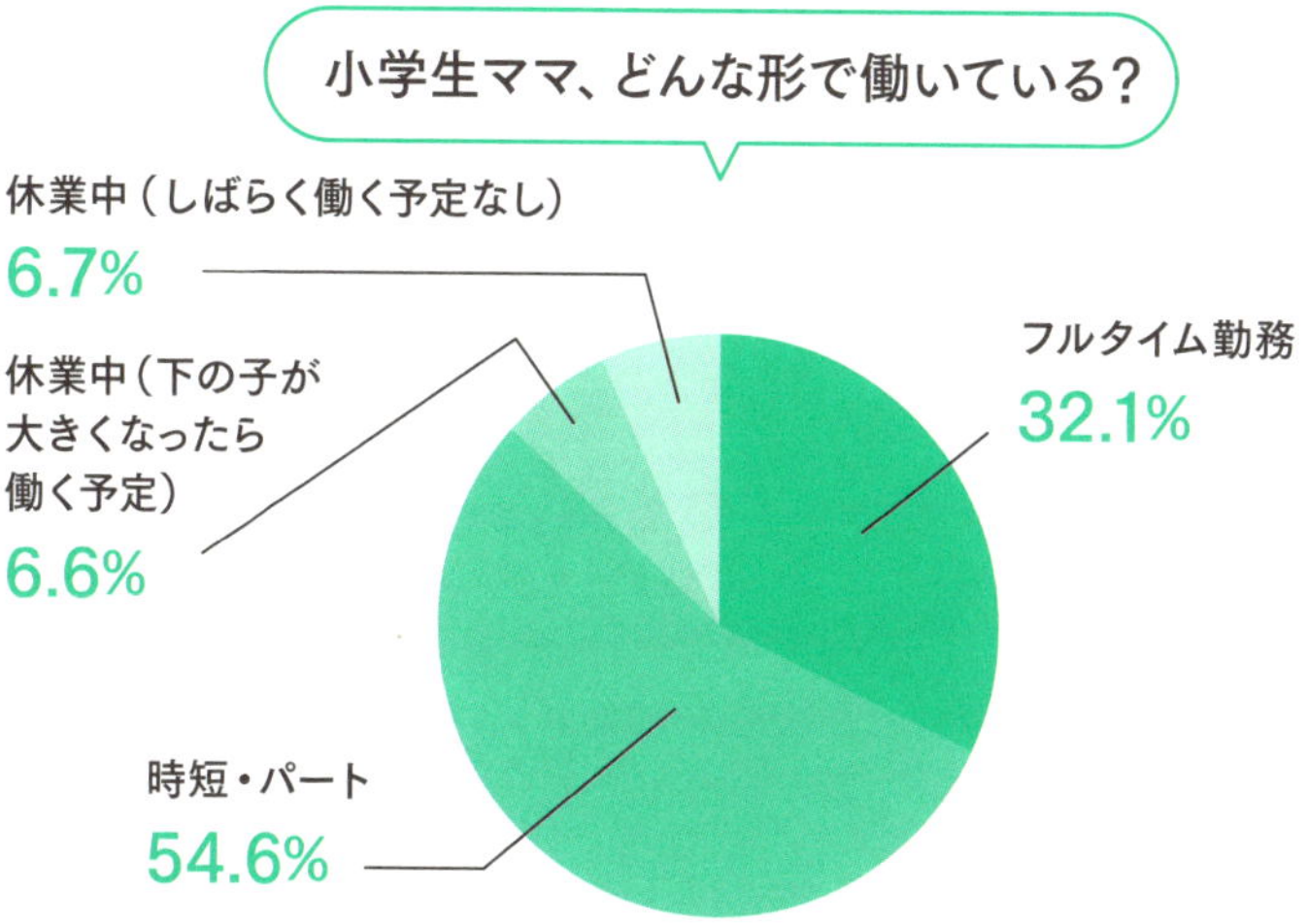
小学生ママ、どんな形で働いている？
休業中（しばらく働く予定なし）
6.7%
休業中（下の子が大きくなったら働く予定）
6.6%
フルタイム勤務
32.1%
時短・パート
54.6%

「小1の壁」のタイミングで働き方を変えた

ママ&パパたちの経験談

小学校入学のタイミングで働き方を変えた
ママ&パパたちの実体験を紹介します。働き方に悩んだら、
いろいろな選択肢があることを思い出してくださいね！

ママの経験談

年長時に片道1時間半の職場から自転車で10分の近場に転職。入学と同時だとキツかったかも

パートですが、夏休みなど長期の休みに合わせられる学校現場に職場を替えました

週3日、9～15時の業務委託フルリモに転職しました。収入は落ちましたが後悔していません

送迎のため5時間の時短勤務を4時間にして朝の出勤時刻を遅らせた。慣れてきた7月に5時間に戻した

部署異動の希望を出して、週2日リモートワークを手に入れた

時短勤務の形態の追加（6時間×週4日）を打診し、希望が通りました

登校時刻と出社時刻が合わず、午前中リモート勤務・午後出社を基本にしました！

Column

交渉して、コアタイムありのスライド勤務を勝ち取れそう

3歳まで→小3までの時短延長を勝ち取った。
子どもの長期休暇中などの在宅勤務も許可してもらえた

パパの経験談

単身赴任辞令をきっかけに、パパが転職

ママはフルタイムのまま、パパが時短に変えた

多忙の夫が30分の時短を取ると前年度から宣言。
無事に激務職場を回避し時短を取得できました

パパが始業時刻を後ろ倒しにし、朝の登校対応などをしている

働き方を変えずに乗り切った番外編

どうしてもキャリアを維持したかったので、
働き方は変えずに、家事を極限まで切り捨てた。
1学期は出来合いの惣菜とごはんで乗り切った

フレックスを使い、夫が早朝出社→定時帰宅、私は子どもの
登校後出社→帰りは夜遅め、というように、朝と夜、どちらかの
親がいる態勢に。朝は私がワンオペ、夜は夫がワンオペです

ママの最適な働き方は？ Yes Noチャート

Chart

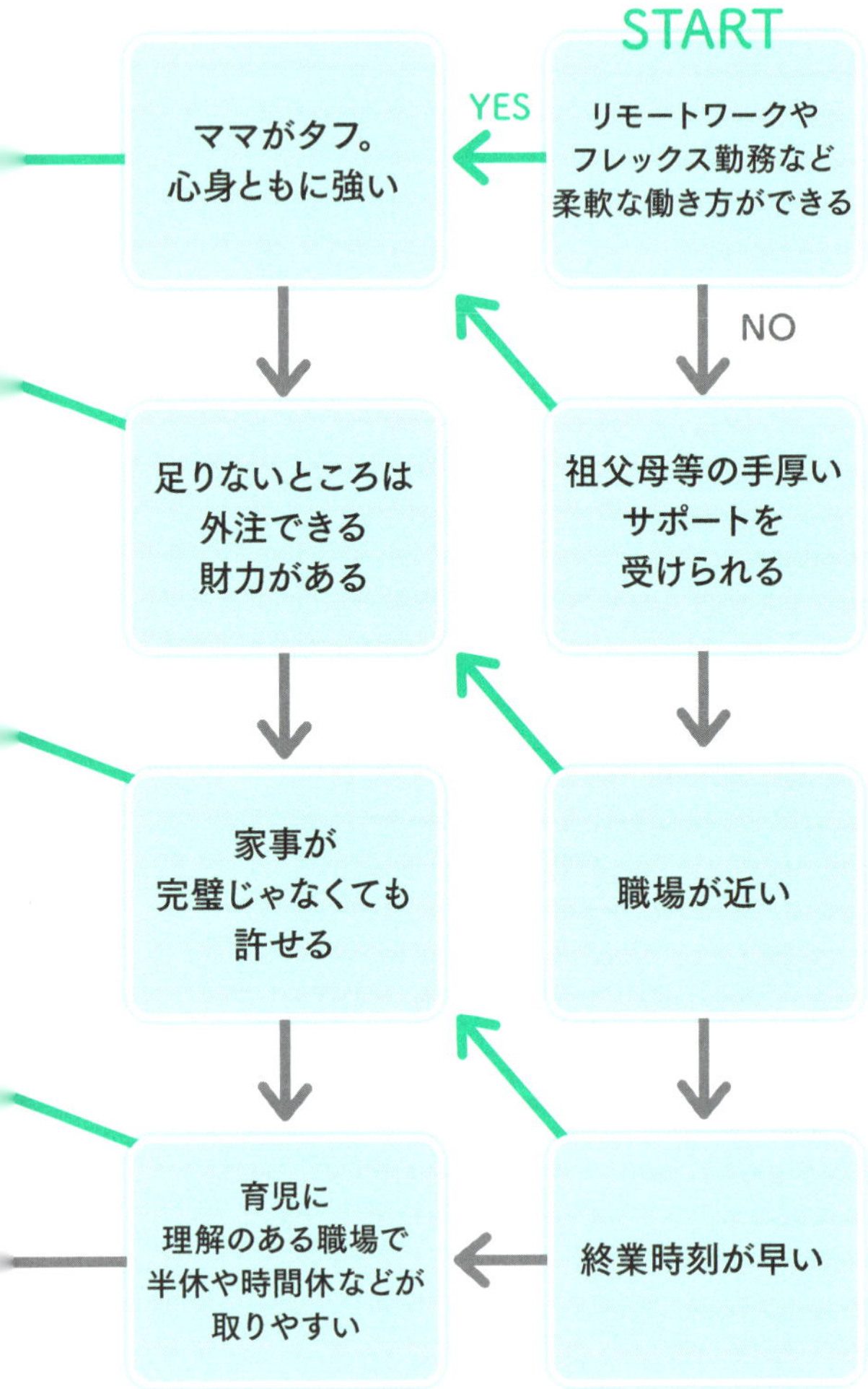
START
リモートワークや
フレックス勤務など
柔軟な働き方ができる
YES
NO
ママがタフ。
心身ともに強い
祖父母等の手厚い
サポートを
受けられる
足りないところは
外注できる
財力がある
職場が近い
家事が
完璧じゃなくても
許せる
終業時刻が早い
育児に
理解のある職場で
半休や時間休などが
取りやすい

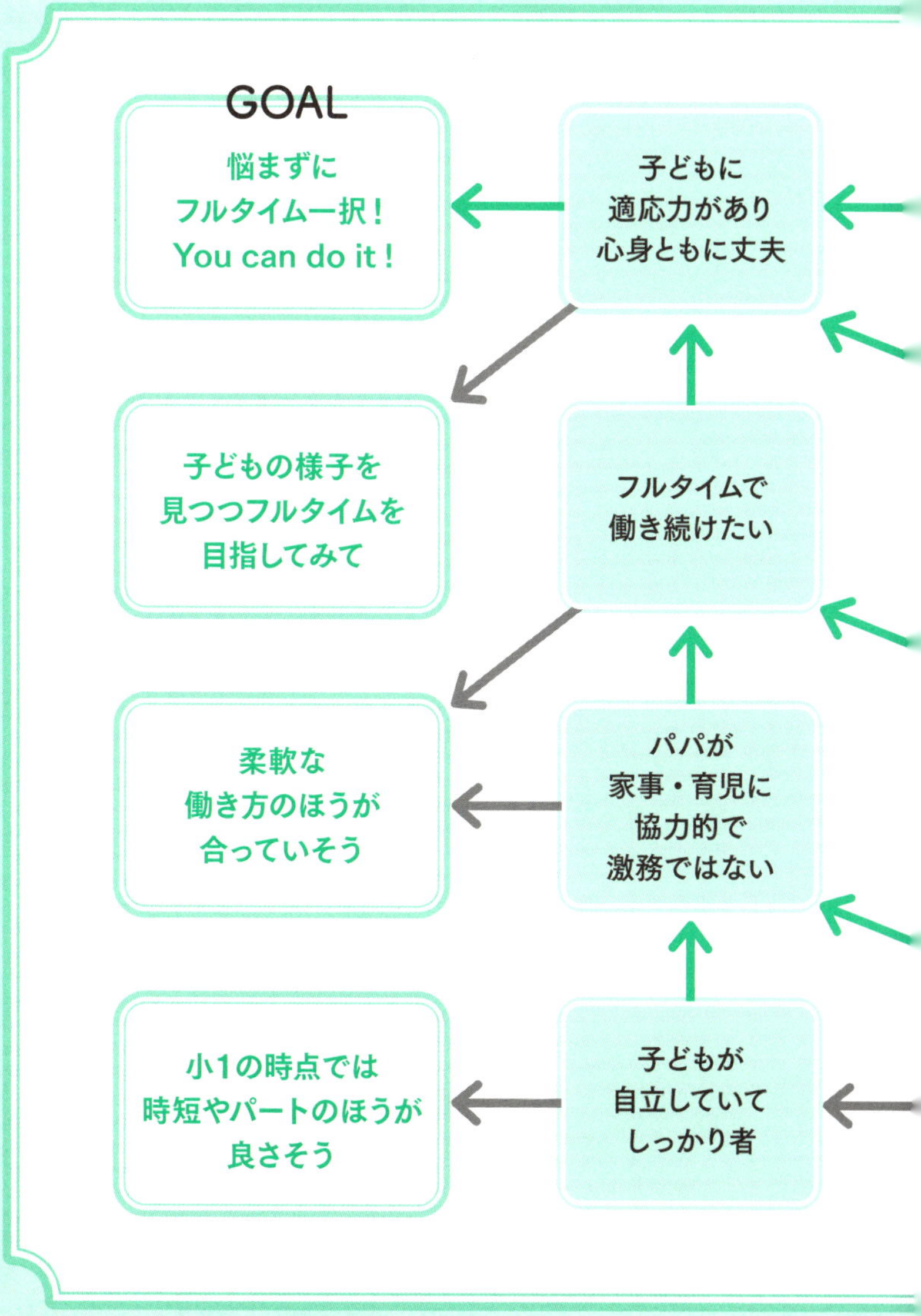
GOAL
悩まずに
フルタイム一択！
You can do it！
子どもに
適応力があり
心身ともに丈夫
子どもの様子を
見つつフルタイムを
目指してみて
フルタイムで
働き続けたい
柔軟な
働き方のほうが
合っていそう
パパが
家事・育児に
協力的で
激務ではない
小1の時点では
時短やパートのほうが
良さそう
子どもが
自立していて
しっかり者

ワーママのキャリア形成　10年20年先を見据えて

「小1の壁」に直面して働き方を考え直すとき、私たちワーママは何を判断材料にしたら良いのでしょうか。東京大学多様性包摂共創センター准教授である中野円佳先生にお話を伺いました。中野先生は『「育休世代」のジレンマ』や『なぜ共働きも専業もしんどいのか』などの著書があり、ジャーナリストとして女性の就労やジェンダー問題に向き合ってきました。

見込みが立つものだからこそ、まずは交渉を

「専門職じゃないしキャリアアップもできていないから、正社員を辞めてしまうとパートになるしかない」と考える方にまずお伝えしたいのは、**「小1の壁」だけにフォーカスすれば、それはいつか解決する**ということです。

一番大変な思いをするのは半年～1年弱のことなので、10年20年後を考えるならなんとか乗り切るほうがいい。「春だけでも仕事を減らしてほしい」「そのタイミングでの異動はやめてほしい」という交渉をしてみては。それすら言えない人もいるかもしれませんが、例えば**インフルエンザに罹《かか》ったら誰でも仕事を休むわけで。それよりは見込みが立つし予定も立てやすい。**なので「そこさえ乗り切れば戻れるので！」という交渉の仕方はあるかもしれません。

企業間格差が広がり、何が何でも残るのが良いとは言えない状況に

10年前に比べると、転職するワーママは増えました。私自身もそうですが、いったんは完全に辞めたけどフリーランスで復帰するとか、別の会社でまた働き始める人もいる。私が『「育休世代」のジレンマ』を書いた10年前、「小1の壁」を越えるために第二子をそのタイミングで産む、という人に取材でお会いして衝撃を受けました。でも、それもおかしな話です。妹や弟の「小1の壁」を越えるには6年おきに産み続けるしかありませんから。待遇を見ると正社員のほうがいいし大企業のほうが恵まれているのですが、何が何でも正社員に、今いる会社に残

ったほうが良いとは一概には言えないかなと思うんですね。

というのも、**「柔軟な働き方に対応できる環境整備」**に関しては、**コロナ禍を経て、企業間の格差が広がった**という印象を受けます。リモートワーク等に順応して「効率的だから」と場によって使い分けている企業と、「いつも上司から見えていないとダメ」のような対面主義が復活し、世の流れから取り残されてしまっている企業。もちろん前者の企業に移っていけるほうが良いですよね。

基本的に**労働人口は減っていくので、立ち上げたばかりの会社や中小企業などではとくに人を欲しがっている**分野もあります。求人情報に出てくる条件は、ワーママから見ると「無理だな」というものが多い。扉をノックする気すら起きないかもしれませんが、**実際に話すと「いや、来てくれるならそちらの条件を飲みますよ」ということも大いにある**と思うんですね。専門職じゃなくても、キャリアを積んでいなくても。

逆に言えば、10年経ったら、今ダメな企業も多少はましになっている可能性もあります。世代交代も起こり、**今後は共働きの管理職がどんどん増えていきます**から。そこを待つのもありだと思いますね。

残るほうを選んだとしても、その会社にいたらずっと安泰というわけでもない。企業の淘汰も起こり得る。なので、**自分を売り込めるスキルをできるだけ身につけつつ、「自分が」選べるようにしていく**に越したことはないです。

今の子育て世代の人たちが企業に残り、地位が上がっていって、「後輩たちには同じ苦しみを味わわせない」という方向に行ってほしいですね。

中野円佳（なかのまどか）

東京大学教育学部卒。日本経済新聞社を経て、2014年、立命館大学大学院先端総合学術研究科で修士号取得。2023年、東京大学大学院教育学研究科博士課程満期退学。現在、東京大学多様性包摂共創センター准教授。有識者の立場で、厚労省、経産省の働き方に関する委員を歴任。著書に『「育休世代」のジレンマ～女性活用はなぜ失敗するのか？～』（光文社新書）、『なぜ共働きも専業もしんどいのか～主婦がいないと回らない構造』（PHP新書）など。

第6章

小学生の宿題と学習

～共働きでも大丈夫？～

おっ、算数のテストが返ってきたのね
どれどれ
…あれ？
45分なのに「9分」って解答してる…
3 じ 30 ふん
10 じ 9 ふん
普段の会話の中でもっと時計を使ってみようか
サナー！7時にご飯できるよ！
動画はあと何分で終わりかな？
ちゃんと時計見ようね！
え？えーと…7時までなら…あと12分??
おしい！
今6時45分だからあと15分になるよ！
あっカタカナ！今日学校で習ったよ
お～サナのサだね
漢字やカナは浴室に貼れるポスターを使って
うん！
机に向かうよりストレスなくおさらいできたな
トイレにも貼っとこ！
生活の中で楽しんで学んでいけますように

多忙な共働きこそ効率的な学習のフォローを

「遊び」が生活の中心だった保育園時代から一転して、「学び」中心の毎日に変わる小学校生活。我が子が授業についていけるか、親は忙しくてなかなか勉強を見てあげられないけど大丈夫か……心配は尽きないですよね。

そこでこの章では、忙しいママ・パパ向けに、できるだけ効率的に日々の宿題や学習をこなしていく方法を紹介していきたいと思います。

低学年の間はほったらかしNG。「小4の壁」にぶち当たらないために

多くの先生方から言われて印象的だったのは、**「低学年の間はとくに、保護者がしっかり勉強を見てあげて」**という言葉。「小学校低学年のうちは比較的授業も簡単だし、勉強は子どもに任せておけば良いのでは？」と思っていたのですが、そんな甘い話はありませんでした（笑）。

毎日少しでも学習する習慣をつける、という点でもフォローしてあげたほうが良いのですが、それよりももっと大切で、保護者のみなさんに知っていてほしいのは**「勉強（とくに算数）はコツコツ理解を積み重ねていかなければ、いつかどこかでつまずいてしまう」**という事実。

「小4の壁」という言葉がありますよね。これは子どもがギャングエイジと呼ばれる年齢にさしかかり、友達との関係性を重要視するようになって親子のコミュニケーションがむずかしくなってしまう問題や、学童に入れず放課後の過ごし方に悩んでしまう問題のことを指すのですが、同時に、**小4くらいで授業が急にむずかしくなり、学力の差が開いてしまう**問題のことも、「壁」と表現されているのです。

小4以降の算数では「小数」や「分数」など、抽象的な概念を学ぶようになります。ここでつまずいて**算数が苦手になってしまう子は、小3までの積み上げが弱い場合が多い**そうです。低学年の学習の基礎がきちんと築かれていなければ、その上に何かを積んでいくことができない……。そう考えると、低学年の学習を子ども任せにしておくのはちょっと怖いですよね。

もしつまずいたら、その単元の一番初めのページから復習してあげたり、必要があればひとつ前の学年の内容に戻って確認したりして、基礎を固めるようにしましょう。

数年後に親子で苦労しないためには、**低学年のうちから親ができるだけ勉強を見てあげる**ことが大事。そして、それが結果的に将来をラクにしてくれる、ということですね。

もちろん、そうは言っても働く親は忙しい！　**毎日じゃなくても、「定期的に子どもの授業の理解度を確認していく」**くらいで良いのかなと思います。

学校の先生に聞いた「つまずきやすい単元」と、その対策

小学校低学年の子どもたちがつまずきやすい単元にはある程度の傾向があるようです。インスタグラムでのアンケートによると**「カタカナ」「漢字」「文章題」「時計の読み方」**につまずいているお子さんが多い印象でした。

1年生の授業ではゆっくり時間をかけて「ひらがな」に取り組みますが、「カタカナ」は意外にサラッと終わってしまいます。なので、「なかなか定着しない」と先生が教えて

くれました。息子もカタカナは読めるけれど書けない状態で入学し、なかなか覚えられずに若干苦戦したので、**入学前にカタカナに親しんでおく**ことをおすすめします。

漢字も得意と苦手が分かれるところ。1日で2～3個、新しい漢字を習ってくるので、とくに苦手な子は毎日5分でも復習をするとのちのちラクになります。先生から教えてもらった漢字の勉強法は**「指で空中に書く」「漢字を家のいろんなところに貼る」「漢字を分解して覚える」「漢字の成り立ちで覚える」「漢字を使って文章を書く」**など。息子は漢字が大の苦手でしたが、書き順やとめ・はね・はらいを確実に覚えるにはタブレット学習が効果的でした（書き順の間違いなどを指摘してくれます）。そして、最近「漢字の先取り学習」をするようにしたら、驚くことに漢字が得意になってきました。授業が復習になって記憶が定着するようなので、ぜひ試してみてください！

また、算数の文章題が苦手な子も多いです。先生に聞いたところ**「イラストにする・図式化する」「わかっていること・聞かれていることに印をつける」「答えにつける単位に〇をつける」**といった対策を教えてくれました。そもそも問題文を読まずに答えようとする子も多いので、**問題文をしっかり読みながらアンダーラインを引くなどの習慣をつける**と良さそうです。

「時計の読み方」は授業で取り組む時間数が少なく、先生も定着させるのに苦労しているとのこと。未就学児のうちからアナログ時計を使い、日常的に「今は何時?」や「あと20分で出発だね」など、**時計を見ながら声掛けしていくのがもっとも効果的**です。我が家ではこの方法で、年長の娘にアナログ時計の読み方を少しずつ教えていますが、朝の準備で時計を見て行動する習慣がついてきました。時計を見ながらの声掛けは、子どもに時間の感覚を身につけさせるメリットもあると感じています。また、時計の読み方の練習には**「5分、10分、15分」というように「5とび」の数え方**を普段から唱えさせるのもおすすめですよ。

ちょっとした工夫と習慣づけで、毎日の宿題を確実にこなす

小学生ママ・パパが口を揃えて「大変!」と言うのは、毎日の宿題チェックと丸付け。「どんなに疲れていても、仕事が忙しくても、毎日対応しなくてはいけない」というのは

結構な重荷です。でも、**親が丸付けをすることで子どもの授業の理解度を確認できる**という利点もあるんです。

学童に通っているお子さんは、「必ず、宿題を学童で済ませる」ことをぜひ習慣化させてください。学童では毎日宿題をする時間があり、周りの子と一緒に取り組めるので、家でするよりスムーズにやってくれることが多いです。

ただ、帰宅してから親が宿題を確認するので、間違いを直させるのがひと苦労。宿題を済ませてからのタイムラグがあるため、子どももやる気が出ないようです……。夜の間に済ませるのがベストですが、**疲れ切ってできない場合、翌朝スッキリした頭で取り組むとすんなりできることも多い**ですよ。

学童ではできない宿題「音読」は、夕飯の準備中などの時間を活用して聞くのがおすすめ。我が家では朝やることも多いです。

計算の丸付けには無料アプリ「Uknow．AI（旧チェックマス）」を使うのが便利。スマホで撮影するだけで、数秒間のうちに自動的に丸付けしてくれるので、大量の計算問題が出た日はかなり助けられています。

忙しい毎日だからこそ、親子ともにストレスなく学べる環境づくりを

子どもの勉強をじっくり見てあげる時間がなかなか取れない共働き家庭。そこで、忙しい毎日でも取り組みやすい学習方法について、いくつかご紹介します。

我が家で取り入れていたのは**「タブレット学習」**。未就学児のうちからゲーム感覚で一人で取り組めて、ドリルなどよりも子どもが嫌がりにくいです。丸付けも自動でやってくれるので、親子バトルになりにくいという点もメリット（笑）。タブレット以外にも、学習系のアプリやゲームなどを取り入れるのも良いと思います。

また、**お風呂タイムを利用**して九九を唱えたり（歌で覚えるのもおすすめ）、鏡に漢字を書いたりして、遊び感覚で復習するのも良いですね。机に向かわないので子どもも抵抗感なく取り組んでくれます。

同様に、**お風呂ポスターを貼っておいて自然と目に入れる**作戦も。数字やひらがな、カタカナ、漢字のほか、地理や歴史など、さまざまなポスターがあるのでぜひ取り入れてみてください。また、**リビングに地球儀や地図、図鑑などを置き、興味の種まきをする**ことも有効だと思います。

そして、先述の通り**「日常に学びを取り入れる」**ことも大切です。

お菓子を数えたり、ピザやケーキを切り分けたり、料理の計量を手伝ってもらったりすることで、数の感覚を身につけられます。また、すごろくやトランプ、かるた、ボードゲーム、パズルやブロック等で遊べば、数字や図形・文字に自然と親しめます。寝る前の絵本タイムは心の栄養になるだけでなく、さまざまな本を読んであげることで知識や語彙力が増えていくと信じて、我が家も取り入れています！

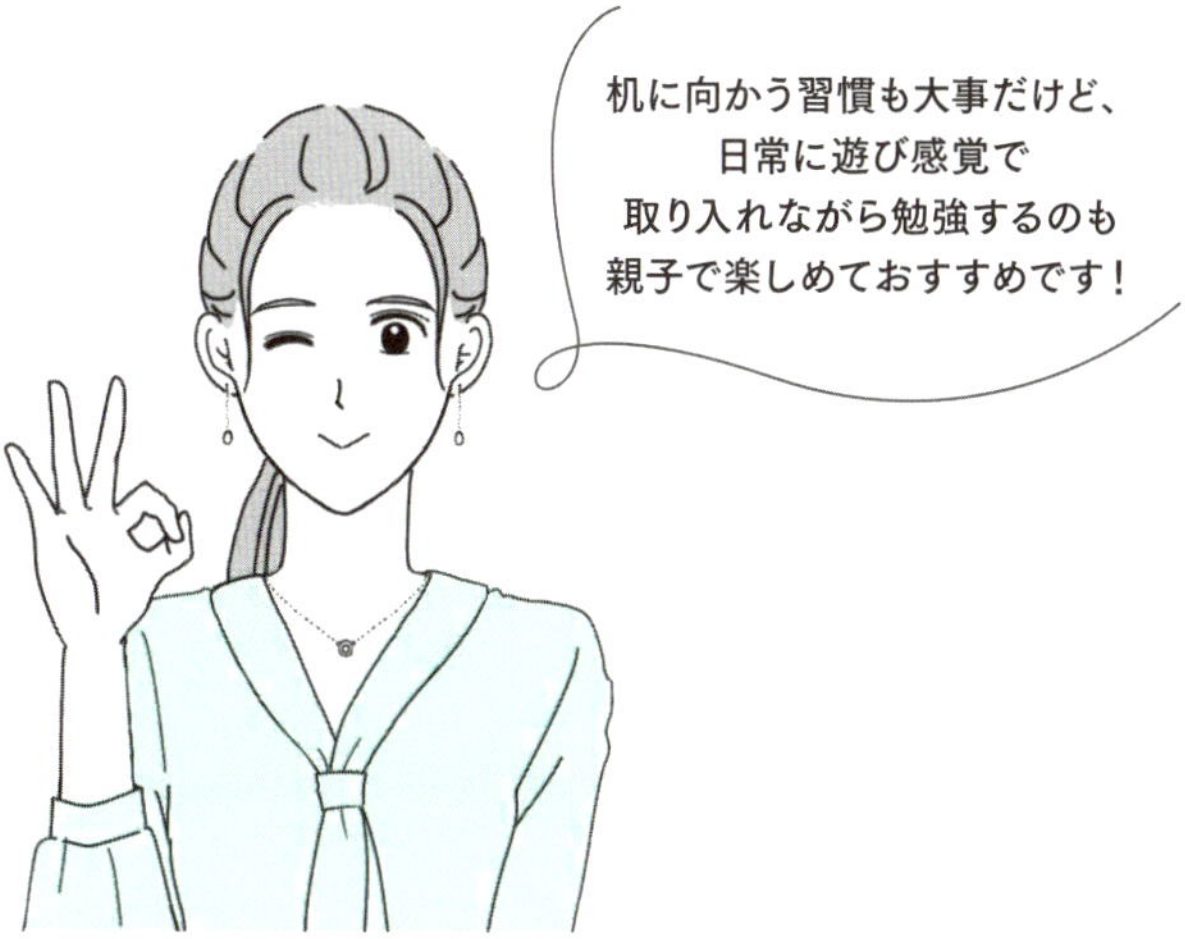
机に向かう習慣も大事だけど、
日常に遊び感覚で
取り入れながら勉強するのも
親子で楽しめておすすめです！

小学生の服装

Girl
春・秋は肌寒いときにはおるカーディガンやパーカーがあると便利
体育の授業がある日は着替えやすい服で（スカート推奨です！）
スカートの下にはインナーパンツが必須。スパッツと一体型のスカッツもおすすめ
体育の授業がある日にタイツを穿いていくなら、靴下を忘れずに

服が被ると「真似してる」、フリフリの服を「ぶりっこ」と言われるトラブルもあるそうです……。人気ショップはユニクロ、しまむら、バースデイ、グローバルワーク、JENNI、エバークローゼット、デビロック、アプレレクール、ブランシェスなど。

小学校ってどんな服を着て行ったら良いの？
注意する点を中心にまとめました！

Boy

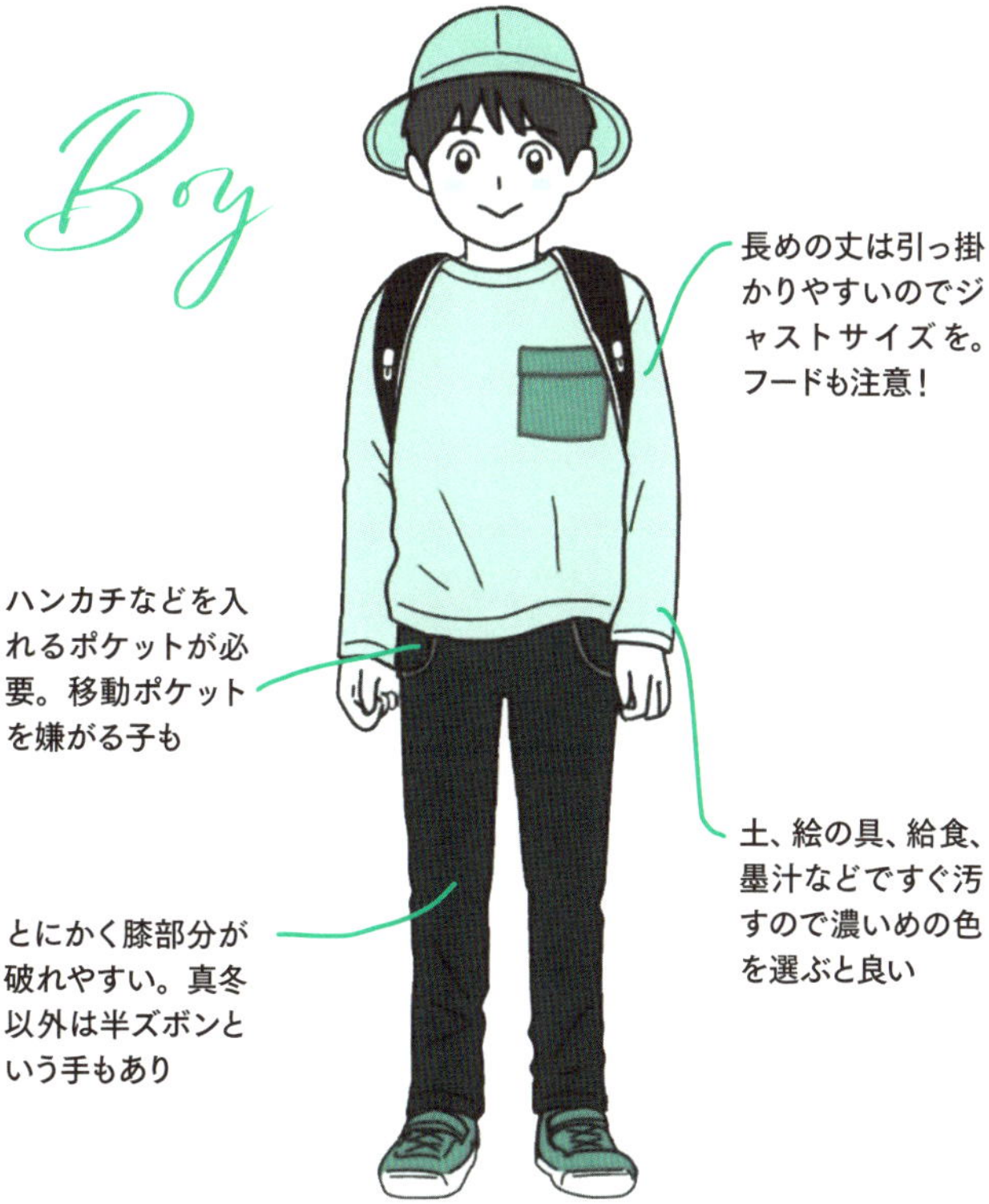
長めの丈は引っ掛かりやすいのでジャストサイズを。フードも注意！
ハンカチなどを入れるポケットが必要。移動ポケットを嫌がる子も
土、絵の具、給食、墨汁などですぐ汚すので濃いめの色を選ぶと良い
とにかく膝部分が破れやすい。真冬以外は半ズボンという手もあり

破れやすい靴下は、同じ色・柄のもので揃えておくと、片方が破れても他のものと組み合わせられるのでおすすめです。人気ショップはナイキ・プーマ等のスポーツブランド、ユニクロ、GU、デビロック、ペアマノン、しまむら、西松屋、BREEZEなど。

※人気ショップの情報は2024年11月現在

第7章

小学校の人間関係あれこれ

ママ〜！土曜日○君たちと遊ぶ約束した！
えっ
遊べるようなお友達ができたんだ〜
そうなんだ！で、何時にどこで遊ぶの？
…ん〜、わかんない
ええ!? 何それ…
連絡先も知らないから確認できないしっ
でも公園で、多分2時頃遊ぶと思う！
いや絶対♪
この子…からかわれてるとかじゃないよね…？
土曜日14時 公園
だ…誰もいない
やっぱりからかわれたんじゃ…
あれ？
学校の先生
やはり今年も出ましたか
じつはコレ、低学年ではよくあることなんです！
先生!!
どこから…
そうなんですか!?
遊んでる
もしやウチの子いじめられてるのかもって…
気にしなくて大丈夫!! だんだん約束できるようになりますよ〜
HAHAHAHA

人間関係のお悩みは前もって対処法を押さえておくと安心！

子どもだけでなく、大人になっても続く人間関係のお悩み。この章では、とくに相談の多い**「子どもが友達をつくれるか心配」「子ども同士のトラブル」「担任の先生との関わり方」「ママ友のつくり方」**について紹介していきたいと思います。

同じ保育園からの知り合いゼロ……友達はできる？

よく寄せていただくのが、**「同じ学区に知り合いが誰もいなくて心配。子どもは大丈夫ですか？」**というご質問。わかります！　親も子も最初は不安になりますよね。でもこれ、結論から言うと「大丈夫」です。子どもは友達づくりが上手だし、1年生の授業ではお互いに自己紹介をしたり、レクリエーションがあったりして、友達をつくりやすい環境を先生が用意してくれます。最初は同じ保育園・幼稚園出身で固まっている子どもたちも、すぐに新しい人間関係をつくっていきます。

そんな中、**話のきっかけになるのは「子どもが好きなこと（もの）・得意なこと」**です。例えば、自分も好きなキャラクターの服を着ているとか、絵が上手とか、足が速いとか、ゲームが得意とか。息子は小さい頃から昆虫が大好きで、「虫博士」と呼ばれるほどくわしいのですが、それがきっかけで話しかけられたり、虫について聞かれたり、同じく虫好きの子と仲良くなって一緒に虫捕りをしたりしていました。

ひとつでも得意なことやくわしいことがあると子どもにとって自信にもなりますし、クラスで一目置かれる存在になることも。プラスの効果がたくさんあるので、**子どもの「好き」は未就学児のうちからぜひ育ててあげてほしいな**と思います。

子ども同士のトラブルは「あるある」なので過度な心配は不要

小学校に入学して戸惑うのが「子ども同士のトラブル」。男女問わず、どんな子でもトラブルを起こしてしまったり、巻き込まれてしまったりする可能性はあるので、どのように対処すれば良いのか知っておくと安心です。先生方から言われたのが**「学校で起きたト**

ラブルは当事者間で解決するより、まずは担任に相談してほしい」ということ。

我が家では息子が1～2年生の頃お友達トラブルが多く、担任の先生からよく電話がかかってきて、私はそのたびに落ち込んでいました。でも先生方に聞くと**小学校での友達トラブルは「あるある」**とのこと。大人になってから人間関係につまずくより、子どものうちに良い社会勉強ができたと前向きに捉えられるといいですね（なかなかむずかしいですが……）。

もしお友達にケガをさせてしまったり、学校でお友達の持ち物を壊してしまったりしたときは、**担任の先生を通じて相手の親御さんとコンタクトを取る**ことをおすすめします。謝罪したいときは先生にまず相談。先生によって「相手の親御さんに伝えておきますね」と言ってくれることもあれば、連絡先を教えてもらえる場合も。私は電話番号を聞いて相手のお母さんに電話したことも、謝罪の手紙を書いて「自分の子ども↓先生↓相手のお子さん↓保護者の方」というルートで渡したこともあります（経験豊富なのでこの分野については任せてください……！）。

幸い、病院に行くようなケガを負わせてしまったことはこれまであ

りませんが、万が一通院が必要なケガをさせてしまった場合は、菓子折りを持って相手のご自宅まで謝罪に行くのが良い、と先生方に教えてもらいました。この場合も、担任の先生には謝罪に行く旨をあらかじめ伝えておくと良いです。軽いケガだったとしても、わざとやったものでなくても、**今後の長い小学校生活を考えると、何らかの形できちんと謝罪しておいたほうが安心**かなと思います（話すのが苦手な人は手紙がおすすめです！）。

どこまで頼っていいの？　担任の先生との付き合い方

よく聞くのが**「担任の先生に相談しづらい・距離感がわからない」**という声。確かに、小学校の先生って授業参観に行くまで顔すらわからないし（1年生のときは入学式でお会いしますが）、個人面談のときくらいしかじっくり話す機会もない。保育園の先生と比べるとだいぶ遠い存在に感じてしまいますよね。

でも、小学校の先生方からよく言われるのは**「お悩みやトラブルが大きくなる前に、問題が小さいうちに相談してほしい！」**ということ。いじめや不登校などの問題に発展する前に、未然に防ぎたいという意見がほとんどでした。

とはいえ、「モンペ（＝モンスターペアレンツ）」になってしまわないよう、親側も気をつけたいもの。**「先生は常に忙しい！」という事実を念頭に、まずは連絡帳で相談。**もっと複雑で深刻な問題のときは、「事前に連絡帳で電話や面談のアポイントを取る」という手順を踏むとスムーズです。電話をかける・面談をお願いするのは、生徒が帰宅してから16時半くらいまでの時間帯で。学校によりますが、最近では17時以降は電話がつながらないようになっている場合も多いです。

また、放課後や土日に起こったトラブルなどは、基本的に学校の管轄外になるので、家庭や地域で解決してほしいとのこと。ただ、いじめや犯罪につながる深刻なトラブルの場合は情報共有してほしい、とおっしゃる先生が多かったです。

ママ友って必要？　どうやってつくればいいの⁉

同じ小学校にほとんど知り合いのいなかった我が家。1年生最初の保護者懇談会で集金があり、「当日欠席の方はあらかじめどなたかにお金を預けてください」とプリントに書かれていたのには驚愕しました。「お金を預けられるような知り合いなんていない！　懇談会、絶対休めないじゃん！」と焦ったことを思い出します。
「ママ友は必要」「とくに必要ない」と意見が分かれる論争ですが、私自身は、**「困ったときに何かを聞けるくらいの、ほどよい距離感の知り合い」は複数人いたほうが絶対に良い**と思っています。「ママ友付き合いは面倒」と思う人が想像するのは、「いつも一緒に行動してランチ会に出席しないといけない」「プライベートのことを根掘り葉掘り聞かれる」のような関係かと思うのですが、私も、いつもべったり一緒にいるママ友はとくに必要ないと思います。でも、もっとライトな「会ったら挨拶＋αの雑談をちょっとするような、適度な距離感の知り合い」は、どれだけいてもマイナスになることはありません。
　ママ友トラブルの話を聞いていると、その多くは「距離感が近すぎること」が原因かなと思います。とくに「違和感を覚える相手の場合」は早めに距離を置くことをおすすめします……。その直感はだいたい当たっているので！（笑）
　ちなみに**学童ママたちは忙しく**、**お互いに干渉している時間がないせいか「ママ友トラブルにはなりにくい」**と感じます。生活時間帯も似ていて、お迎えの時間に顔を合わせることも多いので、**ママの知り**

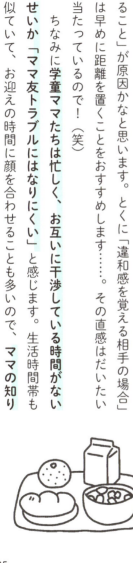

合いをつくるなら、まずは学童の同級生ママがおすすめです。

そのほか、同じ登校班や同じマンション、同じ習い事のママは話しかけるハードルが比較的低いので、年長さんのうちから知り合いになっておくと、入学後への不安が軽減すると思います。

私は息子が1年生の間は、近所の公園に積極的に出かけるようにしていました。遊びに来ている子は同じ小学校の同級生が多く、子ども同士で自然と一緒に遊ぶ流れになるので、そのチャンスを逃さずに、付き添いで来ているママに自分からあいさつをしに行きました。**2年生になると子どもだけで公園に来る子が増えるので、親の付き添いがある1年生のうちに知り合っておくと良い**です。

自分から連絡先を聞くのはみんな苦手。それならば……

とはいえ、苦手な人が多いのが「相手に連絡先を聞く」こと。インスタグラムでアンケートを取ったところ、「子どもの友達のママに自分から連絡先を聞ける?」という問いに対して、6割以上の方が「聞けない」と回答しました。なので待っていても相手から連絡先を聞いてもらえる可能性は低いですし、逆に言えばこちらから聞くことで相手は「助かる！」と思ってくれる可能性が高いです。

私も連絡先を聞くのが苦手なタイプだったのですが、小学校での知り合いが少なすぎて、あるときから**「いつも自分から聞くようにする」**と決めました。いったん決めてしまえば「向こうから聞いてもらえるかな」とソワソワする時間がなくなり気持ちがラクになったので、ぜひみなさんにも試してほしいです。ちなみに、運動会などの行事で撮影した写真や動画を「○○君が写ってる動画、送りたいから連絡先教えて～」とお願いすると、連絡先を自然に聞く口実になります（笑）。

子どもの友達のママ、自分から連絡先を聞ける？

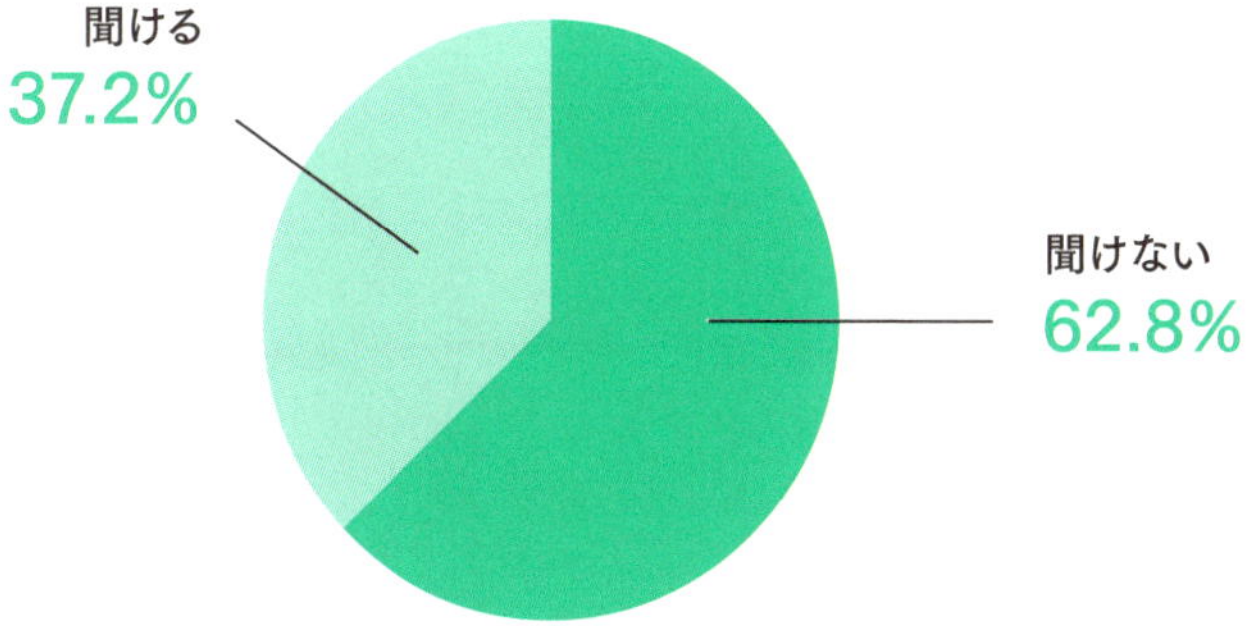

また、とくにがんばらなくても保護者の知り合いをつくる方法として、PTAの役員をやったり、地元のスポーツ少年団に入ったりする手段があります。自然と連絡先の交換をする流れになりますし、学年を超えた保護者の知り合いが増えるのでそこもメリット。

ほかにも、子どもが仲良くなった子のママとは知り合いになれる確率が高いです。お互いの家を行き来するようになったら、**何かあったときのためにお友達のママの連絡先を知っておいたほうが良い**ですよね。

我が家では家に呼びたいお友達がいる場合、私のLINEの連絡先を書いた手紙を、子ども経由で相手のお母さんに渡してもらっていました。高確率でお返事をもらえるので、おすすめです。

ママの知り合いを増やすとこんなにいいことがある！

こうして知り合いが徐々に増えていったのですが、もし知り合いが誰もいなかったら、小学生ママライフがかなりハードモードになったんじゃないかな……と感じます。とくに男の子ママは、「子どもに聞いても学校のことがよくわからない！」というケースが多いのですが、困ったときは周りのママたちに聞けるので安心感が違います。

また、ググっても出てこない**地元の病院情報や習い事情報などは、ママ界隈の情報が一番確か**です（笑）。親の負担が少ない「当たり」の習い事や、予約が取りやすくて先生がやさしい病院など、ママたちの情報網にこれまでどれだけ助けられたことか……。

子どもだけで公園などで遊ぶようになった後は、なかなか帰ってこないときに居場所を教えてもらったり、たまたま公園に居合わせたママから連絡をもらったり、子どもの安全情報も入ってきやすくなりました。

いつも助けてもらうばかりでなく、自分が公園に付き添ったときはお友達も見守り、何かあればその子のママに連絡するようにしています。ほかにも、自分が知っているおトク情報などはシェアする、どんぐりや松ぼっくりなど学校で使うものがたくさん手に入ったらお裾分けするなど、**ゆるく「持ちつ持たれつ」な関係性を築けるように意識すると良い**ですよ。

お友達の家に子どもだけで遊びに行くときのマナー

Column

小学生になると、子どもだけでお友達の家に遊びに行くことも増えてきます。おうちにお呼ばれするときのマナーについて、先輩ママたちに聞いてみました！

まず持ち物。**飲み物は水筒で持参する**子が多いです。そして多かった回答が**「スーパーで買えるお菓子を持たせる」**。初めて一緒に遊ぶ子がいたらアレルギーの有無を確認しておくと安心ですね。

前提として**「子どもだけはNG、必ず親御さんがおうちにいるときにお邪魔する」「親同士連絡先を知っているおうちのみOK」**というママも多かったです。「室内NGで庭のみOK」というおうちもありました。何かあったときのために、お友達の親御さんの連絡先はお互いに知っておいたほうが無難です。

おうちにお邪魔したときのために身につけさせたいお作法としては、「お邪魔します」「お邪魔しました」としっかりあいさつする、靴は揃える、ドアや冷蔵庫は勝手に開けない、ゴミ袋を持参してゴミを持ち帰る、男の子もトイレは座る、そのおうちのルールに従う、などの回答がありました。最初から完璧にするのはむずかしいので、少しずつ言い聞かせていきたいですね。

また、**「帰る時間」をあらかじめ決めておく**のもポイント。息子は小３でようやく自分で時計を見て帰ってこられるようになりましたが、小２の頃は時間を忘れてしまうので、私がいつもお迎えに行っていました。

行き来の頻度は同程度が理想ですが、自分の家に呼べない場合は、「たまにママパパ向けのお菓子も持たせる」など、**相手のおうちへの配慮を忘れずに。**

Point

子どもだけでよそのおうちへ遊びに行く際の3つのポイント

- 毎回でなくても良いので、子ども用のお菓子は持たせる
- お邪魔するおうちのルールに従う
- 家を行き来するお友達の親御さんとは連絡先を交換しておく

お友達トラブル、いじめ、行き渋り……そのとき、親はどうする？

学校でのトラブルや「行きたくない」発言。実際に我が子が問題に直面したとき、親はどういう対応をするのが良いのか？　スクールカウンセラーとして長年、数多くの親子の相談に乗ってきた初川久美子先生にお話を伺いました。

Q　お友達とトラブルになってしまったら？

A　まず知っておいてほしいのは、**トラブルなく6年間を過ごす子はいない**ということ。みんなトラブルを起こしながら学んでいきます。「適度な距離感」も「束縛しない」「強く言わない」もすべて練習していく時期。なので、トラブルはあって当たり前です。**トラブルをゼロにしようという発想はなくしましょう。**その上で、「〇〇ちゃんとうまくいってない」ということが長く続いたり、元気がない、朝メソメソしているなどであれば、担任の先生に伝えてほしいです。また「○○ちゃんにこんな嫌なことされた!」というときも、100パーセント我が子の味方でいてあげてほしいのですが、頭の片隅では「客観的な事実はほかにある可能性」を考えつつ、先生に「うちではそんなふうに言っているんですけど、学校ではどんな感じでしょうか。先生、何かご存じですか」といった感じで聞くのが良いと思います。

Q 友達ができないようで心配しています

A 何をもって「友達ができない」と言っているかですね。休み時間に遊ぶ友達がいないとして、それを本人がどう思っているのか。子どもが一人で過ごしていると「親が」さみしいのかもしれません。お子さんは、疲れたからのんびり過ごしているだけかもしれない。友達をつくらなきゃいけないわけじゃない。**先回りして心配しない、かわいそうと決めつけない**ことも大事です。そして低学年であれば、大人の考える「友達らしい友達」はいないことも多いですよ。もしお子さんが本当に悩んでいて、本人なりに友達をつくろうと努力しているのであれば、

「なんて話しかけてみようか」とおうちで一緒に考えるのも良いですね。

Q いじめの加害者になってしまったら？

A 二者間で解決しようとするのはおすすめしません。謝って、仲直りしてほしいというのは加害した側の思いでしかなく、被害者側は顔も見たくないかもしれません。同じ学校の子の場合は、**まずは担任の先生に相談しましょう。**話し合いをする場合も、先生に立ち会ってもらえると良いですね。

Q「学校に行きたくない」と言われたら？

A 共働き家庭にとって、子どもが学校に行かないというのは大きな局面。なので「学校に行きたくない」と言われたら、「来た、まずいやつ！」と身構えてしまう親御さんも多いんです。でも、**お子さんが「行きたくない」と思うこと自体は普通のこと。**昨日たくさん遊んだから疲れた、今日は家でのんびりしたい、友達とケンカしてバツが悪い……。大人でもありますよね。むしろ「行きたくない」と素直に言える親子関係だと安心してください。そして、行かせるか／行かせないかではなく、まずは「そっか、行きたくないか」と受け止めてあげましょう。そして「何か困ったことあった？」と聞いてあげる。子どもがそういうことを言うときは、何か対処をしてほしいわけではなく、ただ受け止めて聞いてほしいだけの場合もあります。親の勘で「これはグズグズしているだけだな」と思えるのなら登校を促すのもひとつ。「これはつらそうだな」と感じるなら休む。**話を聞き、お子さんの様子を見ながらチューニングする**のです。正解はありません。

休んだ日の過ごし方はその子のタイプによりますが、朝からゲームや動画視聴は避けましょう。「みんなが学校に行っている間はやめようね」と、そこは親が初めに線引きを。「昨日は良かったのに」とならないように、最初が肝心です。

初川久美子（はつかわくみこ）

臨床心理士・公認心理師。早稲田大学大学院人間科学研究科修了。東京都公立学校スクールカウンセラー。都内公立教育相談室にて教育相談員兼務。児童精神科医の三木崇弘氏とともに「発達研修ユニットみつばち」を結成し、教員向け・保護者向け・専門家向け研修・講演講師も行っている。

第8章

多忙すぎる
小学生ワーママライフを
少しでもラクにする方法

ある平日
帰宅後
ママはチャチャッとおかず作る
ソウタはご飯炊いてくれる?
うん!
ミールキット
無洗米
食べたらお風呂ね~
ただいまー
あっパパだ
おかえりー
お風呂のスイッチ杏が押すね
ありがとう
食器は流し台まで運んでね
はーい
食洗機って神~!
大きい洗い物はこっちだぞ~
そのフライパン持ってきて~
デカ!!
風呂はママと入ってね
いいよー
パパちょっと長風呂したい
今日は疲れたヨ!
洗濯は乾燥までのコース?
うん!よろしくね
さっぱり
パパおやすみ~
洗濯機

ママの労力は有限です！ あれもこれも「一人でがんばらない！」が合い言葉

毎日目が回るほど忙しい小学生ママの生活を少しでもラクにするべく、ここからはいくつかのアイデアを紹介していきます。やることは山ほどあるので、**「すべてを完璧にやろう」とは思わず、力の入れどころと抜きどころを見極める**こと。そして、家族や外部サービス、便利グッズなど、頼れるものすべてに頼るのが小学生ママの生きる道です。

PTA役員、いつやるのがベスト？

よくいただくのが「PTA役員って、いつやれば良いですか？」という質問。これは間違いなく**「お子さんが低学年の間、できれば小1がベスト」**とお答えしています。

たまに「PTA活動が廃止になった」「強制ではなくボランティアになった」という声も聞くのですが、そういう学校はまだまだ少数派。PTA役員のある学校が圧倒的に多数派のため、「どうせやるなら低学年」なのです。

ちなみに、入学する小学校のPTAに関しては、同じ学校の先輩ママ・パパに聞くのが一番確実。なかなかハードルが高いかもしれませんが、上にきょうだいがいる子の親御さんと知り合いになっておくのがベストです！


低学年のうちに役員を済ませるメリットはたくさんあります。

とくに第一子の場合、**早くから小学校の仕組みや雰囲気について知ることができる**のが利点。担任以外の先生と顔見知りになれることも。

また、役員業務で平日の学校に行くことが多いので、行事以外の「普段の子どもの姿」をチラッと見ることもできます。低学年のうちは子どもも喜んでくれます（笑）。

知り合いゼロで入学しても必ず知り合いができますし、学年を超えて交流があるため「今の小学校中学年、高学年ってこんな感じなんだ！」と情報を仕入れることもできます。

小1だと会長・副会長などの大役は免除になる学校が多いですし、「6年間で1回役員をやれば良い」学校なら、その後の気持ちが断然ラクですよね。

新年度になるたびに、懇談会での恐怖のPTA役員決めがありますが……、あの空気、耐えられません！

さらに私が強調したいのは、**「低学年で立候補して役員になってくれる」親御さんたちは協力的な方が多く、**一緒に組んでいてとても助かる場面が多々あるということ。高学年になり、「クジでいやいや役員になった」人と一緒に組んでいたら、こんなにスムーズに役員をできていなかったかも……と感じます。

そんなわけで、ＰＴＡ役員は早いうちに済ませておくに越したことはありません。とくに小１の役員は同じ考えの人が多くて争奪戦になることもあるようですが、ひるまずにぜひ立候補してみてください！

時間も労力も必要な習い事は、しっかり取捨選択する

第１章でも触れましたが、小学校に入って意外と負担に感じたのが「習い事」。保育園時代から続けていたピアノや英語もだんだんむずかしくなり、宿題も増え、さらに**平日、学童お迎えの後に習い事の送り迎え……。**

もちろん小学校の宿題チェックや翌日の準備もあるので、習い事のある日は夕飯を作

る気力もなく、本当に親子で疲れ切っていました（大変すぎて英語はやめました）。

今の小学生は本当に忙しく、習い事を週4〜5で入れている子もたくさんいます。周りのお友達を見ていると、つい「我が家も何かやらせなくては……！」と焦ってしまうのですが、とくに**新1年生の春に習い事を新しく始めるのはやめておいたほうが無難**です。小学校に慣れてきた1年生の夏くらいからなら、新しい習い事も無理なく始められると思います。

また、家から近い場所での習い事であれば、小2〜3くらいから一人で行くこともできるようになるので、それまで待ってみても良いかもしれませんね。

休会できる習い事なら
1年生の1学期は
お休みするという
手もありますね

子どもの自立を促し、家族の一員として助けてもらう

日々、大変すぎる毎日を過ごす中で痛感するのは**「結局、子どもが自立してくれるのが一番ラクになる」**ということ。とくに共働き家庭では、子どもも戦力にしないと本当に回っていきません。

3年生になっても学校の支度は自分からやらない我が息子ですが（笑）、お手伝いはわりと積極的にやってくれます。お風呂を沸かす・お米をといで炊く・簡単な料理を作るなどでも、やってもらえるとかなり親の負担が減るので、未就学児のうちから積極的にお手伝いはしてもらいましょう。

年長の娘も、食器を運んだり、お箸を並べたり、お茶を用意したりしてくれるようになったので、食事の準備が結構ラクになりました。お風呂も、年長さんくらいから一人で入れるようになるとだいぶ助かりますよね。

「自分でやったほうが早い！」とつい思ってしまうけれど、**ちょっとずつでも子どもができるようになったほうが、長い目で見れば断然ラク**なんです。大変なのは最初だけ。「お手伝いが楽しい！」と思ってくれる年齢のうちに、なるべく早くお手伝いをさせてみてく

ださい。

我が家では未就学児のうちから、たくさんお手伝いをしてくれた日はお小遣いを渡しています。子どものモチベーションも上がるし、親も助かるし、良いことだらけです。

お手伝いは「なんでも自分でできる！」という自信につながりますし、小学校に入ってからの給食の配膳やお掃除などの練習にもなります。また、じつは勉強にも役立っているんです。例えば、多くの子がつまずきやすい単位の感覚を習得するには、親子で料理をしながら分量を量るなど、実際に体験してみるのが一番早いそう。**親が助かるだけでなく、子どもの学びにもなる**……まさに、一石二鳥ですね！

夫婦での協力が必要不可欠！　家事育児の分担を見直そう

子どもの自立だけでなく、夫婦での協力も欠かせないポイント。ママたちの話を聞いていると、「小1の壁」への危機感はママのほうが強く、なぜかパパはボンヤリしていることが多いので（笑）、**小1の親の大変さをパパに伝えることからスタート**しましょう（まずはこの本をパパにも読んでもらってくださいね！）。

小学校の参観日などは、とくに平日はママの出席率のほうが高めです。保育園の送迎は、最近ではパパの割合がだいぶ増えてきましたが、小学校はまだそこまでパパが進出していない印象。とはいえ、かなりの回数にのぼる**「参観日」や「保護者懇談会」などの行事をすべてママ一人で出席していたら大変**なので、個人的にはパパの出席率が高くなってほしいなと思っています（我が家の夫も「ママばっかりだから」と平日は出席したがりませんが、土曜日の授業参観は行ってもらっています）。

これまで説明してきた通り、小学校にあがると保育園時代より圧倒的に大変になります。新しく「やること」も増えるので、**夫婦での家事分担・育児分担をこの機会に改めて見直し**ましょう。お互いに得意なほうを担当するのが効率的かなと思います。

我が家では、学校や習い事の宿題を見たり、勉強を教えたり、翌日の準備をしたり、平日の料理をするのが私です。一方の夫は私よりも家事が得意なので、洗濯物をたたんだり、部屋の整理整頓をしたり、家じゅうのゴミを集めて捨てたり、休日に料理をしたりしています。

私が家事をやらなすぎて、仕事で遅く帰宅する夫と言い合いになることもありますが（笑）、ときどきぶつかりながらも夫婦で協力し合っていくのが大事かなと思っています。

日本では女性の育児・家事にかける時間が長く、なんと男性の5倍以上！　時間だけでもずば抜けて1位ですが、この男女差は国際的に見ても突出しています。**「私たち日本の女性はがんばりすぎている」**ということをまず認識して、育児・家事分担についてはあきらめずに夫婦で話し合ってほしいです。

6歳未満の子どもを持つ夫婦の家事・育児時間の国際比較（1日当たり）

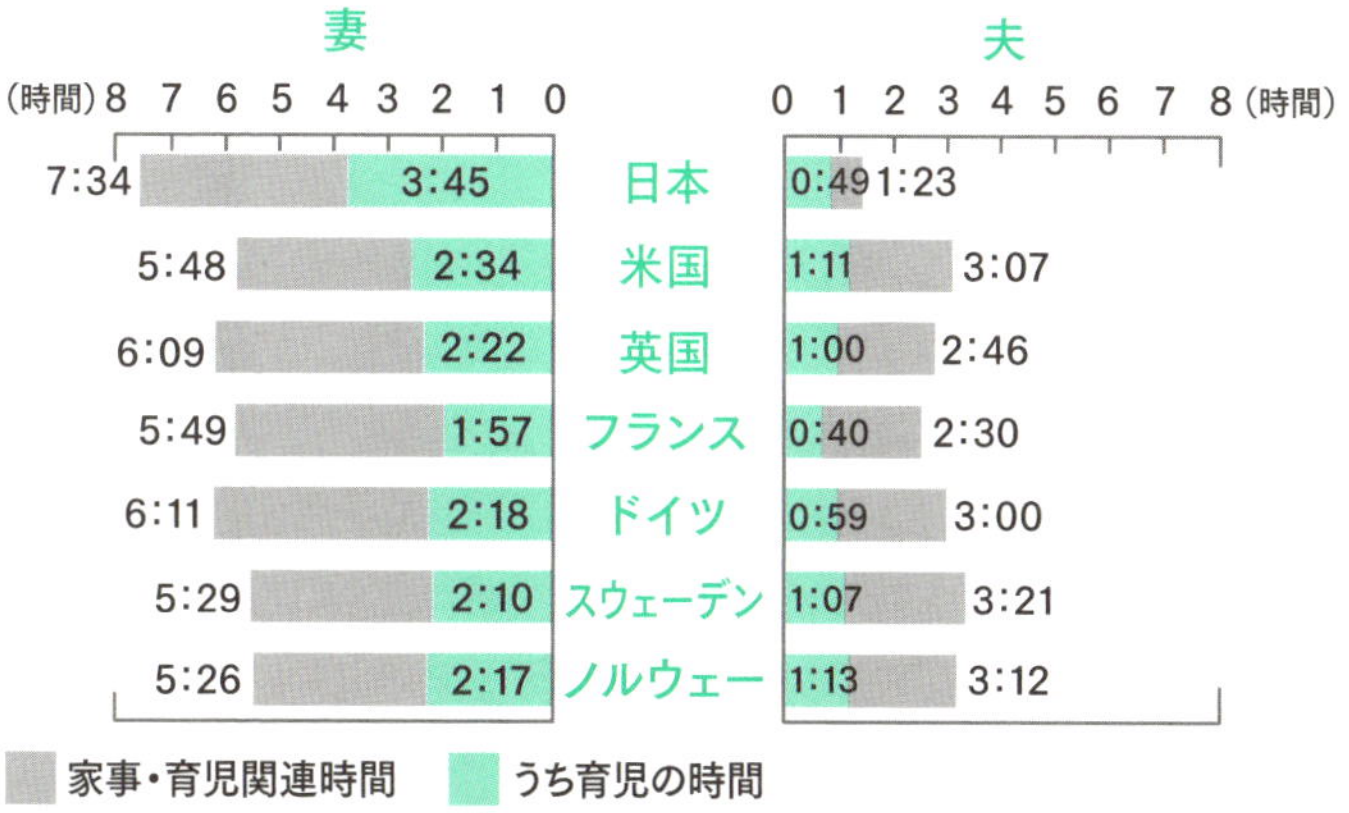
妻
夫
(時間) 8 7 6 5 4 3 2 1 0
0 1 2 3 4 5 6 7 8 (時間)
7:34 3:45 日本 0:49 1:23
5:48 2:34 米国 1:11 3:07
6:09 2:22 英国 1:00 2:46
5:49 1:57 フランス 0:40 2:30
6:11 2:18 ドイツ 0:59 3:00
5:29 2:10 スウェーデン 1:07 3:21
5:26 2:17 ノルウェー 1:13 3:12
家事・育児関連時間
うち育児の時間

（備考）1.日本の調査は総務省「社会生活基本調査」（平成28年）、米国の調査は2018年、欧州の調査は2004年のもの。2.日本の値は「夫婦と子どもの世帯」に限定した夫と妻の1日当たりの「家事」「介護・看護」「育児」および「買い物」の合計時間（週全体平均）。

内閣府 男女共同参画局『男女共同参画白書 令和2年版』
「6歳未満の子供を持つ夫婦の家事・育児関連時間」（週全体平均）（1日当たり、国際比較）より

小学生向け便利グッズ&見守りアイテム最新版

家の外で働いていて一番気がかりなのは、子どもが**「一人でお留守番する」「一人で学校や習い事に出かける」**など、安全面が心配なシーンではないでしょうか。最近では子どもの見守りをサポートしてくれる便利なアイテムがたくさんあるので、うまく活用するとだいぶ不安が解消されますよ。

まずおすすめしたいのが、**エコーショー（アレクサを搭載したディスプレイ付きスマートスピーカー）**です。アレクサを活用している小学生ママ・パパはとても多く、一度購入すればあとは無料で使えるので、Ａｍａｚｏｎのセールの際にゲットしておいて損はありません。

我が家では固定電話の代わりにアレクサを使っていて、外出先から家にいる息子にビデオ電話をかけて帰宅していることを確認したり、逆に帰宅した息子が私のスマホにビデオ電話をかけてきたり。一人で習い事に行く日も、出発時刻にアラームを設定しておけば子ども一人でも忘れずに出かけられるし、毎朝の登校班出発時刻も我が家ではアレクサが教えてくれます。タイマーの設定も音声でできるので、子どもがゲームの終了時間を自分で決めることも。あまりにも子どもが操作に慣れすぎて、漢字がわからないときなどアレクサに聞いてカンニングしていることもありますが（笑）、あまりにも便利で我が家にはなくてはならないアイテムです。

また、小学校低学年の間、便利なのが**見守りGPS**です。登校班で登校していたり学童へのお迎えを親がしていたりすると、GPS

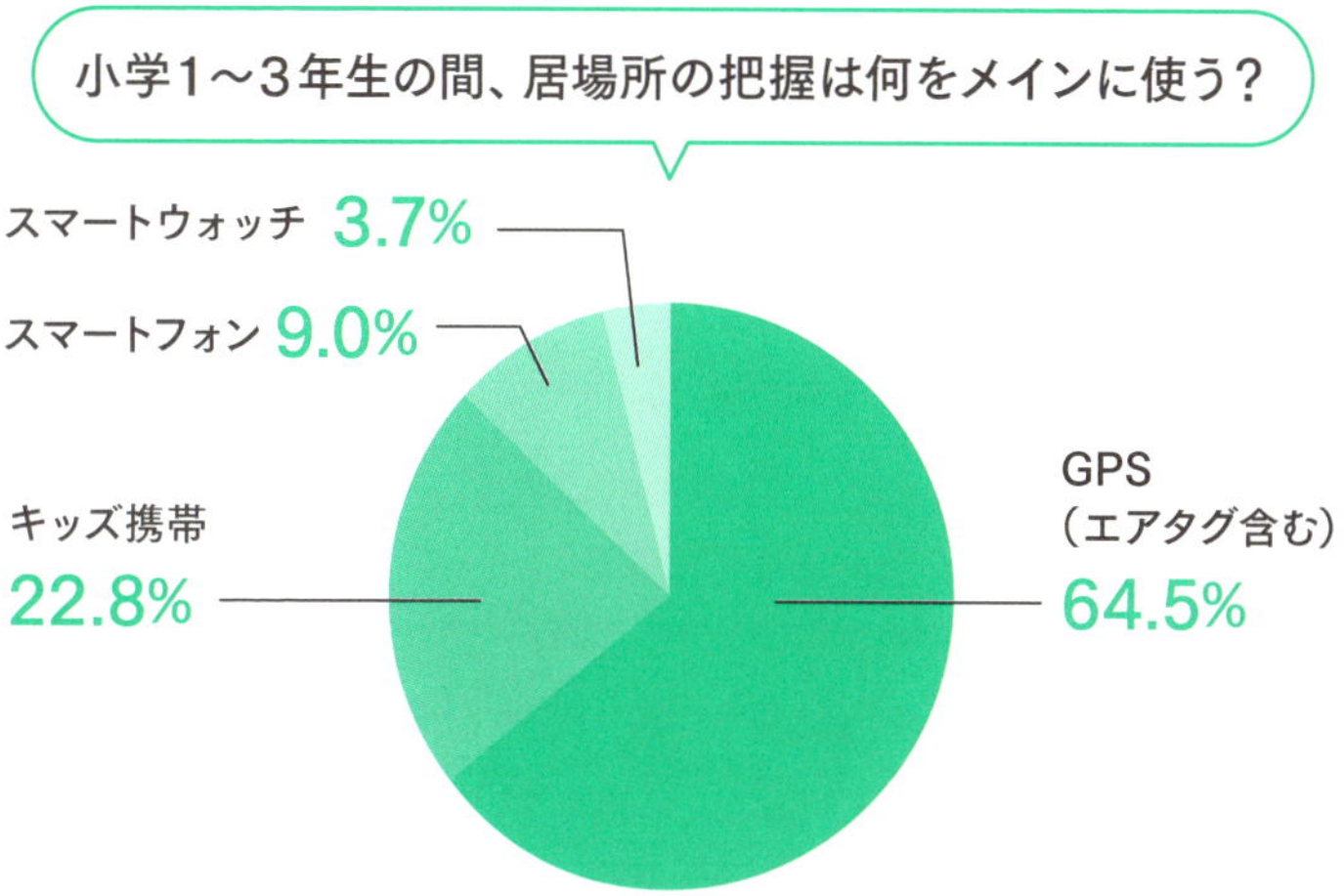
小学1〜3年生の間、居場所の把握は何をメインに使う？
スマートウォッチ 3.7%
スマートフォン 9.0%
キッズ携帯
22.8%
GPS
（エアタグ含む）
64.5%

が必要な場面はさほどないのですが、子どもが一人帰りをしたり、一人で習い事へ行くようになったりするとGPSを導入するご家庭が多いです。キッズ携帯と比較すると電池の持ちがよく、ランドセルの中に入れっぱなしにできるのもメリットです。今はお互いにトークできるタイプのGPSも増えてきましたが、操作に少し慣れる必要があるので、練習期間を設けることをおすすめします。

小学2〜3年生になると一人で行動する範囲が広がり、子どもたち同士で約束して遊ぶようになるので、**キッズ携帯や通話できるスマートウォッチを持っている子が多くなります。**

そして、悩ましいのが「家のカギ」問題。

GPSなどでは
「みてねみまもりGPS」
「BoTトーク」「エアタグ」
が人気でした！

「子どもに家のカギを持たせるのは何歳から？」という質問で一番多かったのは「小1」でした。カギの紛失対策として、**「ランドセルの内ポケットに入れる」「ひもが伸びるキーホルダーに付ける」「ランドセルのDカンに付けるカギケースを使う」「カギそのものにGPSを付ける」**といったアイデアを先輩ママから教えてもらいました。

少数派でしたが「後付けで指紋認証オートロックキー」を導入したご家庭も。指紋認証で開けられるなら、そもそもカギを持たせる必要がないので、カギをなくす心配もなくなりますよね。カギを忘れて出かけてしまい締め出しに遭うことや、カギをかけずに出かけてしまう心配もなくて（息子はどちらもあり

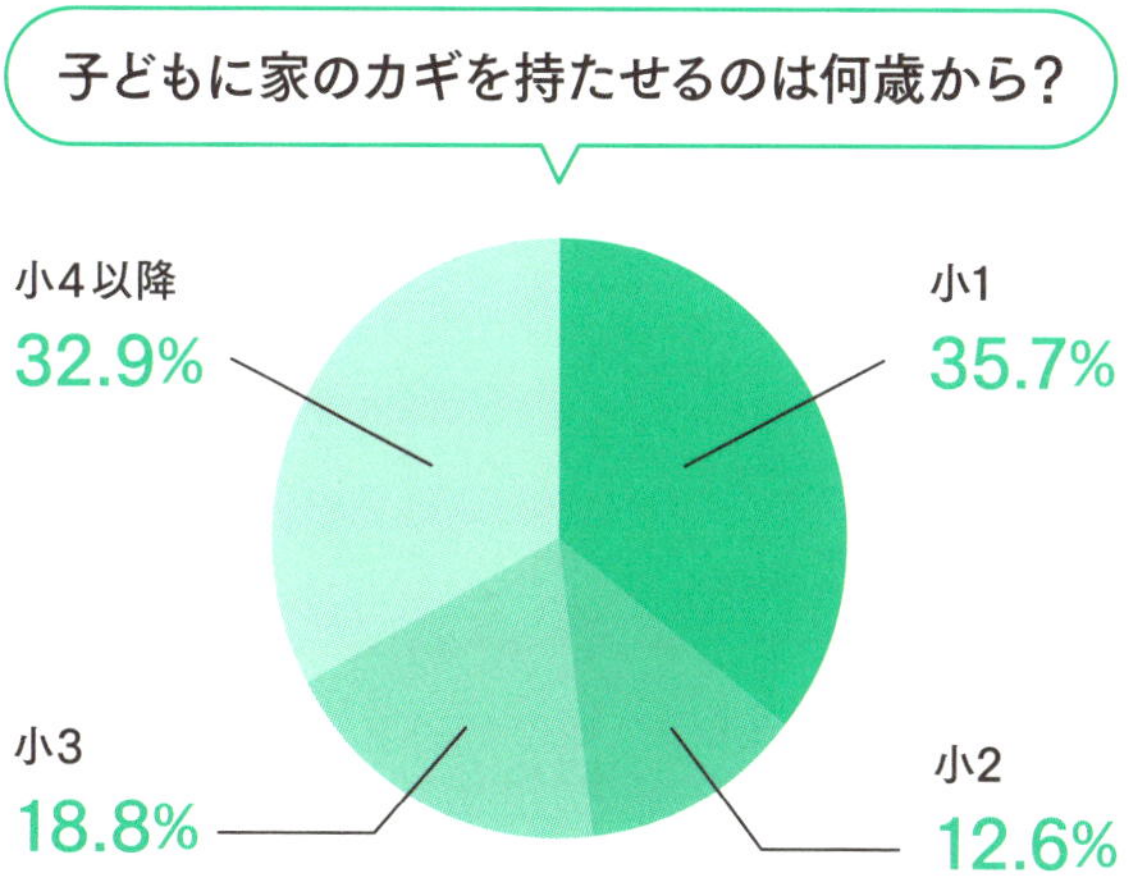

ました）、我が家も導入を検討しています！

睡眠時間を削って倒れたら元も子もない！　もっと自分を労って

先述した通り、「日本の母親は育児・家事に費やす時間が圧倒的に長い！」ということで、この本を読んでくださっているワーママのみなさんにはまず意識改革をしてほしいと思っています。

ぜひお願いしたいのは**「がんばりすぎないこと」「手抜きをする自分に罪悪感を持たないこと」「〝〜すべき〟をなるべく多く手放すこと」**。

そして**もっとも大事なのは「よく寝る」こと！**　国際比較調査（※1）では、先進国で一番寝ていないのは日本の女性という結果が出ています。

ワーママ向けの情報発信を始めて4年近く経ちますが、何人ものママから「育児も家事もワンオペ。睡眠時間を削ってなんとかやりくりしていたけど、ついに体と心を壊してしまいました。現在休職中です」といったメッセージが寄せられています。**日本のワーママ**

はシンプルにがんばりすぎている。まずはそれを認識してほしいです。

若い間は体力も気力もあるし、多少睡眠不足でもなんとかやっていけるかもしれません。でも、そこで無理をして体を壊してしまったら？　仕事を続けられなくなってしまったら？　元も子もないですよね。

先日、「現在の子育て環境の厳しさ（リスク）は戦場並みだ」という本を読んで（※2）、本当にその通りだなと思いました。とくに日本人女性は真面目な人が多いので、**「ワーママはがんばりすぎないことをがんばる」くらいのつもりでちょうど良い**のではないでしょうか。

※1　2021年の経済協力開発機構（OECD）の調査による。日本人の平均睡眠時間は7時間22分と33ヵ国中最短。男性より女性のほうが13分短く、女性の4割以上が6時間未満しか寝ていない。

※2　『ワーママが無理ゲーすぎてメンタルがやばいのでカウンセラーの先生に聞いてみた。』下園壮太著（時事通信社）

家事をがんばりすぎない！　時短ワザ紹介

さて、ここからは全国のワーママたちから教えてもらった家事の時短テクを紹介したいと思います。私は家事が苦手で、**「家事に費やす時間は1分でも減らしたい」**と考えている人間なので、日頃から時短ワザを積極的に取り入れています。みなさんも「イイ！」と思ったアイデアはどんどん取り入れて、今日からラクになってくださいね。

まず時短家電の導入です。これはワーママにとって「必要経費」だとみなさん口を揃えます。**食洗機・全自動洗濯乾燥機・お掃除ロボット（ルンバ等）はワーママ三種の神器**なので、早めに導入しましょう。お値段以上の働きをしてくれます。

そして、もっとも大変な毎日の食事作り。私は平日、**ミールキット（ヨシケイやパルシステム、オイシックスなど）**をよく活用しています。とくに子どもが小さくてあまり量を食べないうちはおすすめ！　材料もカットされていて、あとは焼いたり炒めたりするだけなので、15分もあれば夕飯が完成します。メニューを考える必要がないうえ、材料が使い切りで、食品ロスがないのもうれしいポイントです。

そのほか、**フリーズドライのスープや味噌汁、レトルト、冷凍のおかず、味付けされていて焼くだけの魚や肉**などもよく活用しているので、夕飯作りはいつも15分程度。野菜が足りないときは、洗わなくて良いベビーリーフでサラダにしたり、出来合いの冷製スープを出したり、トマトやフルーツを切って添えるだけ。

ホットクックなどの自動調理鍋を使うのもひとつの手です。我が家では使っていませんが、「とてもおいしくできる」と周りのワーママには好評です。

習い事の日やごはんを作る元気がない日は、デリバリーや外食を活用するのも良いですね！　インスタグラムでアンケートを取ったところ、**外食やテイクアウト、デリバリー、スーパーのお惣菜など**を活用しているご家庭は結構多かったです。我が家もしょっちゅうお世話になっています！

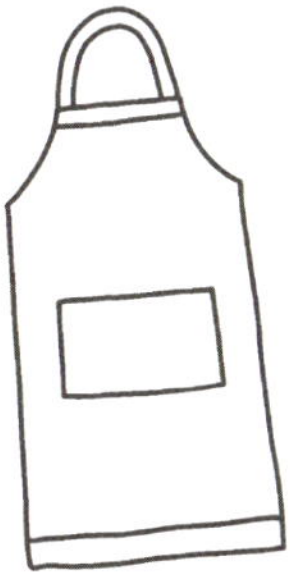

「そうはいっても、凝った料理を子どもに食べさせたい……」と思う方は、休日に作ってあげるのはいかがでしょうか。我が家でも、土日には揚げ物など手間のかかる料理を夫が作っています。**食育として「季節の食材を味わわせたい」「栄養バランスや彩りにもこだわりたい」といった思いも、週末なら叶えてあげられる**と思います。

時間と労力は有限なので、要は「どこの手を抜いて、どこに力を入れるか」。すべてをがんばっていたら時間も体力も尽きちゃいますし、子どもの寝る時間だってどんどん遅くなります。**平日は時短に振り切って、やりたいことがあるなら週末にちょっとがんばる。**そうやって優先順位をつけることが、多忙な小学生ワーママの生き抜く術だと思います。

さらに一歩踏み込んだ時短術として、とくに忙しく時間がないご家庭では**「家事の外注化」**を取り入れることもぜひ検討してほしいです。

日本ではまだまだ利用率が低いのですが、アメリカやシンガポールなどの国では共働き世帯がハウスキーパーを雇うことは当たり前とも言われています。

時短に命を懸けている私もたまに掃除の家事代行サービスを利用するのですが、短時間でもめちゃくちゃきれいにしてくれるプロの仕事に毎回感動！　**自分への定期的なプレゼ**

ントだと思い、今後も利用していくつもりです。

周りでも、大掃除を専門の会社にお願いしたり、平日用の夕飯の作り置きを外注したりしている人などがちらほら。みんな共通して言えることは、手際の良いプロフェッショナルは2〜3時間程度の短時間でも素晴らしいリターンをくれるということ。**費用対効果がすごく高い**んです。

とはいえ、家事代行サービスは費用面でのハードルが高いですよね。アメリカではなんと、家事代行サービスを利用すると税額控除を受けられる制度があるそう（うらやましい！）。

日本では男性の長時間労働などが原因で、どうしても女性に育児・家事負担が偏りがち。そしてそれは、調査結果を見ても明らかです。労働環境をすぐに是正するのがむずかしいのなら、まずは疲弊しきったワーママ救済策として、税制優遇や家事代行サービスの利用費補助など、何らかの支援が欲しいところですね。

子どもの安全を守る！「魔の7歳」と「意外なもので起こる事故」

Column

「魔の７歳」という言葉をご存じでしょうか。交通事故の死傷者は７歳が際立って多い――それまで保護者と一緒に行動していた子どもが小学校にあがり「一人歩きデビュー」する。けれど**まだ交通ルールはよくわかっておらず、視野も狭ければ判断力もない。**我が子の安全を守るために、伝えておきたい交通ルール、そして、小学生の身の回りで実際に起こった「意外なものが原因の事故」についてまとめました。**知ることが事故防止の第一歩**になるので、ぜひ安全のために役立ててくださいね。

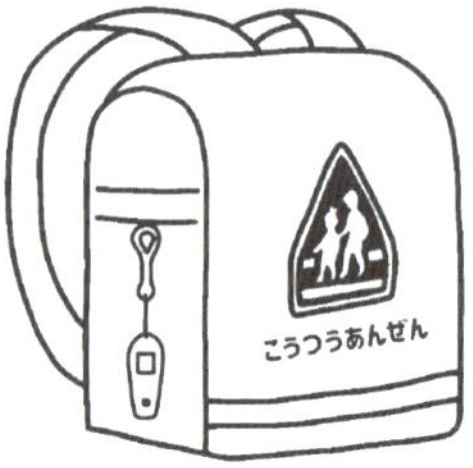

伝えておきたい交通ルール

- 必ず横断歩道を、手を挙げて渡る。
友達と一緒のときも油断せず、気をつける。
- 横断歩道や歩道でふざけたり走ったりしない。
歩きながら遊ばない。
- 信号が青になってもすぐ渡らない。
車が停まったら左右を確認しながら渡る。
- 車には死角がある。とくにバスなど大型の車両には
巻き込まれやすい。
- 見通しの悪い場所ではいったん止まって左右を確認する。
自転車にも注意。
- 駐車中の車の近くを横断するときは、車の陰からバイクや
自転車が来ないか、先に頭だけ出して見ると良い。
- 駐車場などでは動いている車の近くに寄らない。
車の後ろも通らない。

意外なものが原因になった、公園などでの事故事例

- 水筒を斜めがけにしたまま走り、転倒。
腹部を水筒で強打し、内臓破裂。
- ランドセルを背負ったまま大型遊具で遊び、落下。
ランドセルが引っ掛かり、宙吊りに。
- 自転車のヘルメットをかぶったままうんていで遊び、落下。
うんていにヘルメットが引っ掛かり、あごひもで窒息。
- ほかにも服のひも、リュック、携帯ストラップなどが
遊具に引っ掛かった例も。
- 自転車に傘を引っ掛けて走っていたら、
傘が前輪に挟まって転倒。前歯破損。

一人でお留守番するときの注意点

時間の長さはさまざまですが、「一人でお留守番」は小1の間にデビューする子が多いようです。そこで、子どもだけでお留守番する際に決めておくべき約束事や、安全を確保するためのルールについて、先輩ママたちに聞いてみました！

一番多かったのは**「インターホンが鳴っても出ない」**こと。もしモニターにお友達や宅配便の配達員さんが映っても「インターホンには出ない」ルールにしているおうちが多かったです。

そのほか**「キッチンには入らない」「ベランダには出ない」**「窓に近づかない」など、事故が起きやすい場所を「立ち入り禁止エリア」と設定しているおうちも。また**「火を使わない（電子レンジやトースターも最初はNG）」「包丁は使わない」**のほか、誤嚥防止のためそもそも食べることを禁止にしているママもいました。

そして万が一の**「災害時・トラブル発生時の約束」を決める**のも忘れずに。「地震が来たら隠れる場所・避難する場所（実際に歩いて行ってみる）はここ」「親の帰

Column

りが遅くても絶対に探しに行かない」など。また困ったときの連絡手段（アレクサなど。P.146参照）を決めて、実際に連絡を取る練習をさせている親御さんも多かったです。

お留守番中はゲームやYouTubeを解禁にしているおうちもありました。我が家もそうなのですが、集中してじっとしていてくれるので親としては安心なんですよね。限られた時間の中ですから、メリハリをつけて使用するのは「アリ」だと思います。おすすめです。

Point

子どもだけでお留守番する際の
3つのポイント

- **おうちの留守番ルールをあらかじめ親子で確認しておく**
- **アレクサなど、緊急時の連絡手段を確保する**
- **災害時やトラブル時の約束を決めておく**

第9章

小学生ママ・パパの心得7ヵ条

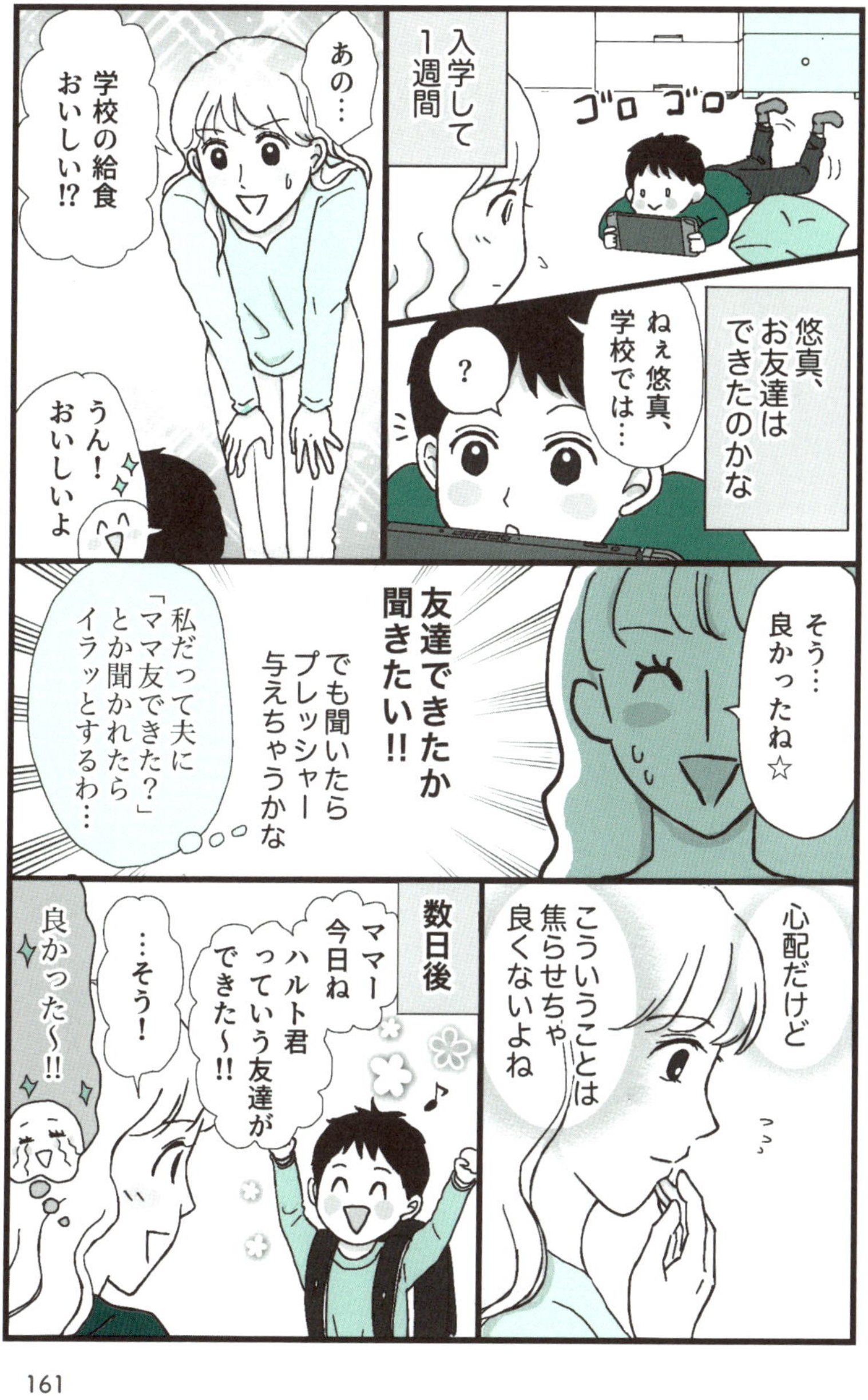
入学して
1週間
ゴロ ゴロ
あの…
学校の給食
おいしい!?
うん!
おいしいよ
悠真、
お友達は
できたのかな
ねぇ悠真、
学校では…
?
そう…
良かったね☆
友達できたか
聞きたい!!
でも聞いたら
プレッシャー
与えちゃうかな
私だって夫に
「ママ友できた?」
とか聞かれたら
イラッとするわ…
心配だけど
こういうことは
焦らせちゃ
良くないよね
数日後
ママー
今日ね
ハルト君
っていう友達が
できた~!!
…そう!
良かった~!!

ぶっちゃけ、この7ヵ条さえ心に留めれば大丈夫

この章では、これから小学生ママ・パパになるみなさんにぜひ覚えておいてほしい7ヵ条について紹介します。

この本ではいろいろと言及してきましたが、**「結局コレが一番大事なんじゃないかな？」と思う7つのポイント**を、ぜひ心に刻んでいただきたいと思います！

①小学校は楽しいところ！　と親が伝える

入学を控えた親御さんへのアドバイスとして、先生方から毎回言われるのが**「まずは親が小学校は楽しいところ！　と子どもに教えてあげて」**ということ。

親が「この子、小学校でやっていけるかな……」と思う不安な気持ちは、必ず子どもに伝わってしまうもの。まずは親がドーンと構えて、（多少嘘でも）「小学校って給食もおい

しいし、勉強も始まって、お兄さん・お姉さんになれるみたいよ！　楽しみだね！」と声掛けをしてほしいと思います。

今は小学生の1日を、写真やイラストを用いて楽しく紹介してくれている絵本もたくさんあります。書店や図書館で、お子さんと一緒に絵本を選び、親子で読んでみるのも良いですね！

②保育園との違いを理解する

これまで何度もお伝えしてきたように、サポートが手厚かった保育園と比べて、小学校ではどうしても細かいところまで目が行き届かなくなります。

最大35人の児童に対して先生は一人だけですから、仕方ありません。その**不足している部分を補うのが親の役割**になり、そして何よりも、**子どもの自立を求められるようになるのが小学校**です。

これは学童も同じで、最初は戸惑ったり、なんだか冷たいな……と感じたりするシーンも多いかもしれません。正直、「保育園に戻りたい！」と感じてしまうことも、一度や二度ではないと思います。でも、これが小学校。

ここは早いうちに良い意味であきらめて、「小学校はこういうものだ」と割り切るほうが気持ち的にラクなので、おすすめです。

例えば私の場合、小学校からのお知らせやプリントがわかりにくく、複数のプリントに同じ行事のお知らせが分かれて掲載されていたり、持ち物の説明がざっくりすぎて全然わからなかったり……。「なんとか用意したけどこれで合ってる？」と不安になったり、間違えることもたくさんあったりして、最初はかなり落ち込みました（笑）。

でも次第に、**私のほかにも間違えてしまうお母さんがたくさんいることや、それを先生がそこまで気にしていないこと**を知り（もちろん間違わないに越したことはありませんが）、少しずつ気持ちがラクになっていきました。

「保育園と小学校は全然違うものだ」ということをぜひ、覚えておいてほしいなと思います。

③「友達できた？」と聞いてはいけない

新学期、子どもについ聞いてしまいがちな質問、「お友達できた？」——でもこれ、なるべく聞かないであげてほしいんです（ママがめちゃくちゃ気になるのはわかります。私も気になりすぎて実際は何回か聞いちゃいました）。

大人だって、全然知らないコミュニティに入って間もないときに、「新しい友達できた？」なんて聞かれたら「余計なお世話だよ！」と思いますよね。何より、一番「友達つくらなきゃ……！」と焦っているのは子ども自身であることを忘れないでほしいです。

とはいえ新学期、心配になる気持ちもよーくわかります。そんなときは**子どもが答えやすい質問をしてあげて**ください。例えば「今日は給食なんだった？」とか、「今日の算数は何を習ったの？」とか。子どもがポツポツ話していくうちに、学校での様子がわかってくることもありますよ。

友達ができたら子どものほうから言ってくるものだし、最初は友達なんてできなくても、**毎日学校や学童に行ってくれているだけで100点満点！**　焦らず気長に待ってあげてほしいなと思います。

④家ではゆっくり過ごさせてあげよう

子どもが帰宅してからずっとダラダラしている、ゲームばかりして宿題も明日の準備もしていない……。そんな姿を見ると誰だって怒りたくなりますよね（私もしょっちゅうです……）。働くママは家に帰ってから座る暇もないくらい忙しいから、余計にイライラしてしまうのも無理はありません。

でも、とくに入学したての時期は、ぜひ大目に見てあげてください。慣れない環境、慣れない人間関係の中で、どの子も精一杯がんばっています。**たとえ元気そうに見えても、心も体もすごく疲れるのがこの時期**なので、おうちではぜひゆっくりさせてあげてほしいなと思います。

思いきりダラダラしたり、好きなことをしてパワーチャージしたり。いつもよりたっぷり睡眠をとることも大切です。

最初の時期はとくに、翌日の準備などは親が手助けしてあげてください。通う場所が保育園から小学校になったからといって、**その日から急にしっかりできるわけではない**ので、徐々に自立を促していければ良いと思います。

息子が小1の頃、問題行動が続いて私が校長室に呼ばれたことがあります。「家でも指導しますので、どんな声掛けをすれば良いですか？」とたずねたところ、意外な答えが返ってきました。**「いや、家ではゆっくり過ごさせてあげればいいんじゃないですか。学校でも家でも注意されたら疲れちゃいますから」**と。そのときは「え、良いんですか？」と拍子抜けだったのですが、今振り返るとやっぱり校長先生の言う通りだったな、と感じます。

たとえ学校で問題を起こす子だとしても、サボっているように見える子だとしても、**本人なりに学校ではすごくがんばっている**ということを忘れないでいてほしいなと思います。

⑤先生の悪口だけは言わない

小学校の先生をやっていらっしゃるフォロワーさんたちが口を揃えて言っていたのが**「子どもの前で、担任の先生の悪口は言わないでほしい……」**ということ。これ、みなさんに教えてもらわなければ、私も気づかなかったポイントです。

子どもの一番身近にいて、一番信頼関係がある大人はやはり、ママやパパ。先生は絶対かなわないそうです。一番身近な大人である親が、子どもの前で先生を悪く言っていたら……子どもは簡単に信じてしまいます。

そして、**先生の悪口を聞いてしまった子は、担任の先生との信頼関係を築くことがむずかしくなります。**さらに子どもは正直なので、その悪口を先生に直接言ってしまうことも！　子どもにとって良いことはひとつもないので、先生について何か不満がある場合は子どもが寝た後、夫婦で話すようにしましょう。

また先生方からは、**「気になることがあったら子どもにではなく、担任に直接伝えてほしい」**という声がありました。もちろん伝え方には注意が必要ですが、先生方も「改善できるところは改善したい」と言ってくださる方が多かったので、話し合いの場が持てると良いなと思います。

⑥子どもの話を鵜呑みにしない

学校でお友達とのトラブルがあったり、先生から怒られるなど、子どもから不満が出てきたりしたときに気をつけたいのが、**「子どもの話を鵜呑みにしない」**こと。とくに小学校低学年のうちは上手に説明することができませんし、一場面だけを強調したり、前後関係が抜けてしまったり、自分に都合の悪い話はしなかったりして、**子ども側のみの話だと全体像が把握できないことが多い**です。

子どもの話ばかりを聞いているとつい親も感情的になってしまいますが、そこは一度冷静になり、まずは担任の先生に連絡し、事実関係を確認してみましょう。自分の子が一方的にやられたと思っていたけど、先生に聞いてみたら「先に原因をつくったのは自分の子だった」というのもよくある話のようです。

また、子どもに話を聞くときに「それで、先生はなんて言ってたの？」「相手の子はなんて言ってた？」「周りの子は何か言ってた？」など、主観的ではなく客観的な情報を仕入れることも効果的だと思います。

ちなみに、「鵜呑みにしない」ことは頭の片隅に置いておけば良いので、**お子さんの話はできるだけ共感しながら聞いてあげて**くださいね。

⑦毎日会話する時間を大切にする

慌ただしい毎日の中でも私が一番大事にしていることは、**「短い時間でも、子どもとの会話を大切にする」**という習慣です。

我が家では食事中はテレビをつけず、今日あったことを話す時間にしています。子どもの話を聞くのももちろんですが、ときには自分の話をすることも。

例えば「仕事でこんな失敗をしちゃった」とか、「ママが小学1年生だった頃、友達がなかなかできなかったんだよね」など。夫も「パパ、会社で怒られちゃった」のように、失敗談なども積極的に話すようにしています。

一方的に諭すよりも興味を持って聞いてくれますし、「ママも失敗するんだな」「パパも苦労してるんだな」と思うことで安心するのか、子ども自身が悩んでいることやつらかったことも、比較的よく話してくれると感じています。

ごはんの時間、お風呂の時間、寝る前の時間など、**子どもがリラックスしている時間帯**

には子どもの本音が聞けるかもしれません。

忙しくてやることもたくさんあるとは思いますが、ぜひ子どもの声に耳を傾けて、「いつもがんばっているね」「ママ（パパ）は味方だよ」「大好きだよ」という言葉を折に触れて伝えていってあげると、子どもも安心できるのかなと思います。

こうした毎日のコミュニケーションを大切に子どもとの信頼関係を積み重ねていけば、いつか反抗期が来たとしても、その時期が過ぎた後にはまた良い親子関係を築くことができるはず。そう信じて、一緒にがんばりましょう！

子どもと過ごす時間は
量より質。たとえ短くても
しっかり向き合う時間を
つくりたいですね！

＼まだまだある！／

ママ・パパたちが聞きたい

小学校生活のQ&A

Q　急に学級閉鎖になってしまったら？みなさん、どう対応されていますか？

A　在籍しているクラスが学級閉鎖になってしまうと、学童にも行けないケースが多く（公設学童の場合）、たとえ我が子は元気だったとしても家で過ごさなくてはなりません。しかも学級閉鎖の連絡は急なことが多く、夕方に「明日から２日間、学級閉鎖です」というお知らせが来ることも……。

学級閉鎖は前もってわかる類いのものではありませんが、ほかの学年や同じ学年の違うクラスで学級閉鎖が出た場合、続いて学級閉鎖になる可能性があるので、いつお知らせが来ても良いように仕事の調整等をしておくことをおすすめします。

また、普段から一人でお留守番する練習を少しずつしておき、午前中は子どもだけで留守番、午後は夫婦どちらかが半休、などの対応をするのも良いと思います。

Column

**Q　朝、子どもの登校を待つと
仕事に間に合わないのですが、
どうしたら良いでしょうか。
どうにもならない場合、退職も考えています。**

A　まず確認してほしいのは、登校班の集合時刻。学校から遠い班などは集合時刻が意外と早いこともあります。登校班がない場合は、小学校に「一番早くて何時に登校できるか」を問い合わせてみると良いですね。また、長期休暇中の学童の早朝（延長）預かりについても、事前に確認をしておきましょう。

やはり間に合わないという場合は、夫婦どちらかが時差出勤にする、交代で時間休を取る、リモートワークにするなど、働き方を工夫するのが一案。また、ファミサポやシッターさんに朝だけお願いする、同じ境遇のおうちと交代で付き添いするなどのアイデアも。最初だけ付き添い、子どもが慣れてきたら一人で行ってもらう方法に切り替えるやり方もあります。その場合、アレクサや電話で出発時刻をお知らせしたり、ちゃんと出発できたかGPSで確認したりと、便利なサポートグッズに頼ることをおすすめします。

Q 小1のタイミングで、子ども部屋に学習机を買ったほうが良いですか？

A 入学と同時に、子ども部屋に机を用意しようとする親御さんが多いのですが（我が家もまさにそうでした）、フォロワーの小学校の先生方に聞いたところ、「とくに低学年のうちはリビング学習のほうがおすすめ」「どこにつまずいているのか、近くで見て気づいてあげてほしい」という声が大半でした！

私がインスタグラムで取った「子ども部屋、いつから使ってる？」というアンケートでも、「小1より前」と答えた人はわずか7％。小学校低学年のうちから自分の部屋で勉強したり寝たりしている子はとても少ないようでした。

最近では、難関私立中学校に合格した子たちもリビング（ダイニングテーブル）学習をしている子が多い印象。子ども部屋の学習机は、入学時に焦って用意する必要はなさそうです。

Q　学童に行きたがらなかったり、学童に入れなかったりしたときの放課後や長期休暇の過ごし方を教えてほしい。

A　低学年で学童をやめてしまった場合（もしくは入れなかった場合）、民間学童やほかの習い事で放課後の時間を埋めるご家庭が多いようです。一人で行動できるようになってからは、いったん帰宅し、宿題を終わらせた後に友達と遊ぶ子が多く、児童館や祖父母宅に行く子もいます。

長期休暇はさらに悩ましいですよね。「長期休暇中だけは学童に行ってもらっている」というご家庭が多かったですが、それもむずかしい場合は、夫婦で休みをずらして取得したり、リモートワークの日を増やしてもらったりして対応しているおうちも。そのほか、民間学童や塾の夏期（冬期）講習、サマーキャンプに申し込んだり、祖父母の家にロングステイしたり、といったアイデアもあります。

家で過ごすときはだらけすぎないよう、一日のタイムスケジュールを立てると良さそう。その場合、昼食はあらかじめ用意しておくおうちが多かったです！

第10章

「小1の壁」がなくなれば、悩むママもいなくなる

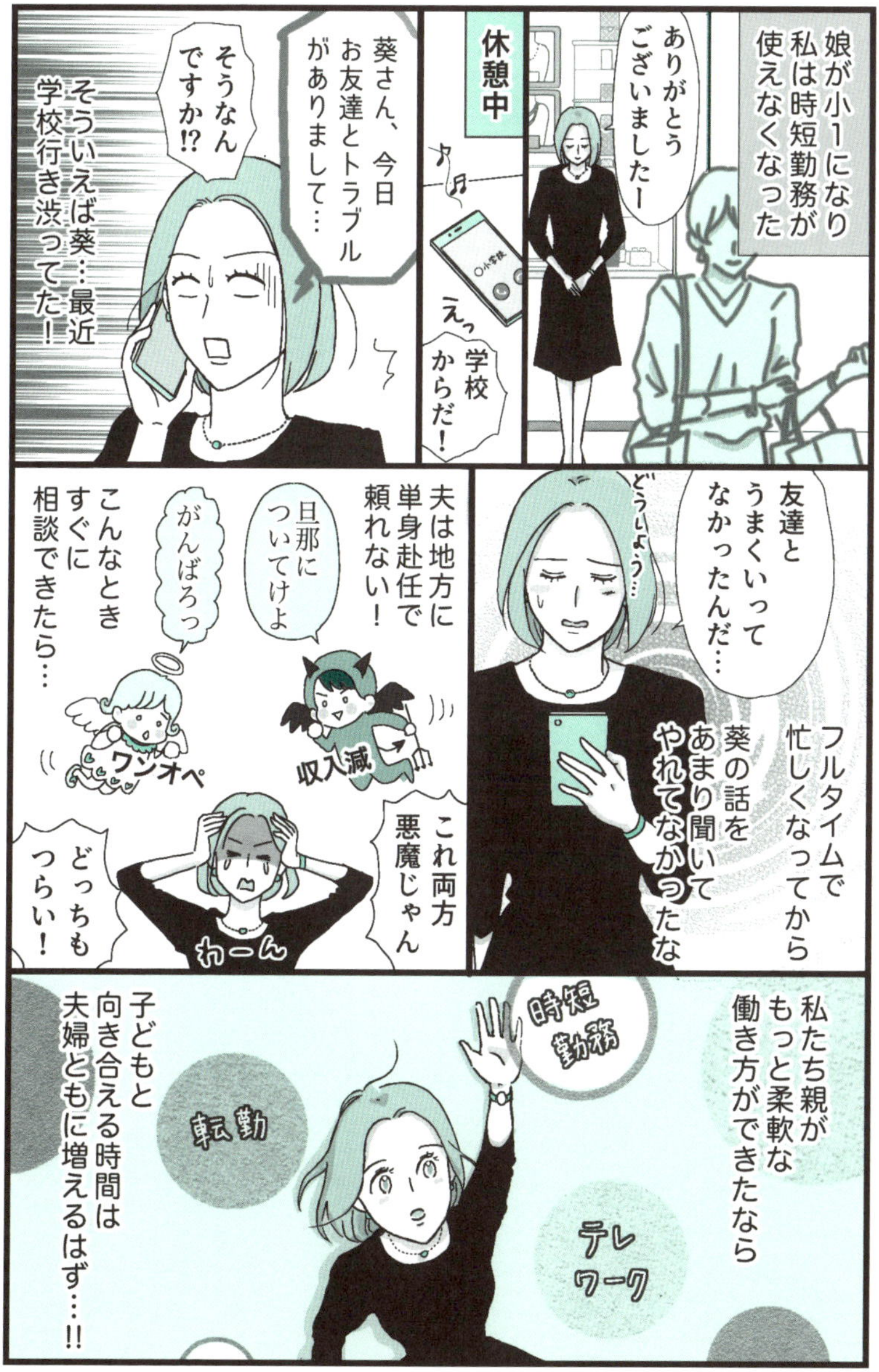

娘が小1になり私は時短勤務が使えなくなった
ありがとうございましたー
休憩中
えっ
学校からだ!
葵さん、今日お友達とトラブルがありまして…
そうなんですか!?
そういえば葵…最近学校行き渋ってた!
友達とうまくいってなかったんだ…
どうしよう…
フルタイムで忙しくなってから葵の話をあまり聞いてやれてなかったな
夫は地方に単身赴任で頼れない!
旦那についてけよ
収入減
がんばろっ
ワンオペ
こんなときすぐに相談できたら…
これ両方悪魔じゃん
どっちもつらい!
わーん
私たち親がもっと柔軟な働き方ができたなら
時短勤務
テレワーク
転勤
子どもと向き合える時間は夫婦ともに増えるはず…!!

社会が変われば「小1の壁」をなくすことができる

ここまで「小1の壁」のさまざまな乗り越え方についてご紹介してきましたが、そもそも「小1の壁」自体がなくなれば、私たちも悩まないですみますよね。

そこでこの章では、「小1の壁」をなくす、あるいは低くするために今後、日本社会がどう変わっていけば良いのかを考察していきます。

ワーママのアンケートから見えてきた悲痛な叫び

「働きながら育児するのがつらい！」と思う瞬間について、働くママ466人から回答をもらいました。

「仕事もがんばりたい。でも、子どもとの時間も足りない。分身の術を使えるようになりたい」「1日100点以上でがんばっているけど、仕事で受ける評価50点、家庭内で受ける評価50点、と感じる」「子どもが生まれても夫側の働き方は独身時代と一切変わらず。

転勤辞令も出る」「子育てを妻に100パーセント任せている男性たちと競って、評価を得ないといけない」「給食着のアイロン掛け、地域パトロール当番、PTA、子ども会の参加……共働き世帯では対応しきれない風習や決め事がまだまだ残っていると感じる」など、日々歯を食いしばりながらがんばっているママたちの叫びが聞こえてきました。

現代のワーママたちは常にギリギリのところで踏みとどまっている状態。保育園時代ももちろん大変なのですが、さらに追い打ちをかけるのが「小1の壁」です。

「小1の壁」を解消するための3つのポイント

ワーママたちの「もっとこうだったらいいのに!」という声をもとに、この3つのポイントが改善されれば、「小1の壁」(もしかしたら「小4の壁」も)は低くなるのでは?と私なりに考察しました。

まず最初に職場について。**夫も妻も共働きを前提とした柔軟な働き方ができ、子育てに対する職場の理解があること。**

「時短勤務（小6まで）、フレックス勤務、在宅勤務、週3〜4日勤務を選択できる」「子どもがいても転職しやすい」「一度辞めても復職しやすい」などが挙げられます。子どもの行事や病気で休みやすい雰囲気づくり・職場の人員確保も重要です。子育てを優先したいのか、キャリアも重視したいのか、各々の希望を尊重し、どちらの道も選べるようになるとより良いですね。

2つ目に大切なのが、**国や自治体など行政の子育て支援拡充**です。長期休暇中も含めた子どもの預かりサービスの拡充、家事代行サービスの利用費補助や税制優遇など、小学生以降の子育て支援が広がっていくと救われますよね。将来かかる教育費の負担軽減も、もちろんあったらうれしいです。

とくに、**学童を含めた子ども預かりサービス（小6まで・病児含む）の量と質の向上**は急務だと感じます。現状では選択肢が少なすぎるため、「学童に行きたくない」と言われたら終わり（もしくは高額な民間学童）です。将来を担う大事な子どもたちの過ごす場所をもっと増やし、同時に質を高めてもらう。そうすることで両親が安心して働ける環境に近づくのではないでしょうか。

3つ目に重要なのは**小学校の改革**です。保護者に求める学校への関わり方が、今もなお専業主婦世帯、もしくは「誰か大人が家にいる」前提の学校が多いため、そもそも共働き世帯を前提とした仕組みへ変わっていく必要があります。

仕事との両立がむずかしくなる原因のひとつ、PTAや地域見守りなどのボランティア活動は任意に。もしくは外部の力を借りることで、「みんなができるときに手伝う」仕組みが整えば、可能な範囲で親も学校運営に関わることができて理想的なのではと感じます。

大前提として「子育てに寛容な社会へ」

小学生に限らず、そもそも**「子育てに寛容で理解ある社会」への転換が大前提**です。これだけ多くのワーママが毎日必死で、つらく、肩身の狭い思いをしている様子を見て、次世代が積極的に「子どもを育てたい」と思えるわけがないんです。「働きながら子育てなんて余裕、みんなもできるよ」という背中を見せなくては、決して少子化が改善されることはないでしょう。日本が少しずつ変わっていくことを期待しつつ、私たちも現状を改善するためにできることを、少しずつでも続けていきたいですね。

理想の社会実現のためにワーママができること
中野円佳さん×うなぎママ対談

声を上げなければ現状は変わりません。「小1の壁」をなくすために、少しでも働きやすい未来のために、私たちワーママが今できることは？　というテーマで、P.102「ワーママのキャリア形成」でもアドバイスをいただいた中野円佳先生にお話を伺いました。

うなぎママ（以下、うなぎ）：会社の上の世代の方たちが想像する小学校の姿と現実の姿にかなりギャップがあって、そこをどう埋めればいいかいつも悩んでしまうんです。

中野円佳さん（以下、中野）：「小1の壁」という言葉は10年以上前からあるのに、企業側の理解が進んでいないですよね。「もう小学生だから大丈夫だよね」ってなっちゃう。当事者が発信するしかないのですが、**当事者が言うと「自分たちを優遇してほしい」みたいに聞こえてしまうむずかしさ**もありますよね。「もっと柔軟な働き方を」という観点で言えば、コロナ禍で一旦は在宅勤務がかなり浸透したと思うんですよ。「コロナが落ち着いたから対面に戻ります」じゃなく、「業務が遂行されていさえすれば在宅でOK」ということが、子どものいる人に限らず、合理的な形で定着したらいいんですけどね。学童に慣れるまでの間など、**小1の春や夏休みの間だけでも柔軟に働き方を選べたら、新生活にソフトランディングできる。**職場に行かないとどうにもならないエッセンシャルワーカーの方々は、ワークシェアリングとかが選べるようになるといいのかな。

うなぎ：国や自治体の施策も、妊娠中から幼稚園・保育園くらいまでの支援はわりと充実してきているのに、その先が全然ですよね。「小1の壁」なんて一番大変なのに、完全に抜け落ちている。そこが大変だと気づいてないっていう感じなんでしょうか。

中野：数字としてわかりにくいのはあるんでしょうね。学童問題にしても、保育園の待機児童のようにわかりやすい数値がないんですよね。待機児童数は出せるけど、**「夏休みに学童に行きたがらないから出勤できない」みたいな問題は数値化できない。**「民間学童に入れて、楽しくやってるから大丈夫です」って人もいて、親側もなかなか足並みが揃わないし。

うなぎ：私、「小1のタイミングで働き方を変えましたか？」ってアンケートを取ったんです。約6000人のママから回答をもらったんですけど、「時短にする」や「会社を辞めてパートに」「フリーランスに」など、変えた人が4割。1割の人は働くこと自体をやめちゃってるんです。こういうのも、もっと知られていくといいのかなと思いました。

中野：職場の人も、辞めた理由を知らないかもしれないですね。学童も、ただ場所があればいいってわけじゃないですし。毎日行く場所だし、夏休みなんて時間も長い。行きたいって思える場所じゃないと。2023年末に京都大学が学内で開設した学童（※）を視察したんですが、大人でもワクワクするような空間で素敵でした。今の公設学童って、まだ保育園も少なかった時代に、一部の児童に向けてつくった居場所的なものだと思うんです。でも今はもう共働きのほうが多いので、古い児童館にぎゅうぎゅう詰めだったりします。**ただ「学童に入れる」だけではなくて、時代に合った形で整備していかないと、**と思います。

うなぎ：民間は充実してますが、やはり高すぎますよね。だからここは行政に入ってもらって、補助金や税金の控除があったらうれしいなと思うんですけど。

中野：学童の話は自治体に求めていって良いと思いますよ。エリアにもよりますが、ここを充実させることで子育て世帯を呼び込めるわけだし。もうすでに子育て世帯向けにいろいろ整備している自治体ってあるじゃないですか。そういうところが先進的にどんどんやっていくと、**社会全体が「あ、これは大事なんだね」となる**かなとは思います。今の子育て世代に間に合う感じではないかもしれませんが。

うなぎ：ここは行政の力がないとなかなか変えられないですもんね。

中野：親主導でいえば、**学童の仕出し弁当を注文するシステムを導入した例**もありました。

私が立ち上げた「東大ママ門」という同窓組織があるんですが、その中の佐藤さんという東京都北区在住のお母さんが、ほかの保護者と連携して区に意見書を提出したんです。「学校休業日における希望者のための仕出し弁当について」、注文から発注、集金までの各工程をどのように行うか具体的に提示しつつ、保護者有志の責任の下でというスタンスで。はじめは「アレルギーが」「児童によって昼食の対応が異なるのは」といった理由でやんわり却下されたんですが、その後もメールや担当者への直訴で根気強く主張を続けたところ、夏休みが終わってからではありますが、ついに仕出し弁当利用の許可が下りたんです。

うなぎ：すごい！　スーパーお母さんですね。

中野：佐藤さんは3人の子持ちなので、**「上の子のときは無理でも下の子のときには変えられる！」**くらいの勢いで行動されていたのかもしれません。

うなぎ：こういう働きかけのほかに私たちワーママができそうなことってありますか？

中野：そうですね。子どもを性犯罪から守る「日本版DBS」法が成立しましたが、そこに至る過程として、キッズラインのベビーシッターの性加害事件があったときにSNSが盛り上がり、署名活動などのアクションで親たちが問題提起をしました。

うなぎ：署名といえば私も埼玉県の「留守番禁止」条例案（後に撤回）で反対署名を呼びかけました！

中野：**ニュースになればアクションを起こしやすい**んですよね。「小1の壁」は毎年一定数の人たちがぶつかる定期的なものだから、なかなかむずかしいですが。

うなぎ：あと、先生の『なぜ共働きも専業もしんどいのか』を読んで思いましたが、**「日本人女性は家事をやりすぎ」問題**ですね。みんな、やりすぎてるって気づいていない。

中野：お弁当のレベル高すぎですよね。インスタにアップする人とか。

うなぎ：ていねいな暮らしも。働いてたら無理です。芸能人の方とかめちゃくちゃ忙しくて稼いでいると思うのに、すごく豪華な料理やお弁当を作るから、影響を受けちゃう人多いと思うんですよね。共働きが苦しんでる理由のひとつが「家事やりすぎ」かと。

中野：非常勤講師をしている大学の授業でお弁当問題をよく取り上げるんですけど、子どもの頃からピアプレッシャー（同調圧力）が始まっていて、そこに幼稚園の先生が加担していたりするんですよね。冷凍食品禁止の幼稚園とかあったり。

うなぎ：冷凍食品禁止！　無理です〜！（笑）

中野：子ども同士見せ合うのもね。「うちのお弁当、なんかさみしい」ってなると、親はがんばっちゃうじゃないですか。我が家はめちゃくちゃ手抜きですよ。冷凍チャーハンを一面に敷き詰めて、そこにブロッコリー、トマト、ウインナーをのせるだけ、とか。本当に急いでいる日は焼きそばだけのときもありました。

うなぎ：いいですね、それ。私は「手抜きしてる」って毎日発信してます。お弁当で一面冷凍たこ焼きのフォロワーさんがいたから「こんな人もいるよー！」って紹介したり。

中野：**手抜きを競い合うキャンペーン**、いいじゃないですか？　うなぎママさんのインフルエンス力を使って、適当弁当を推奨してくださいよ（笑）。私にも、朝6時発で出張なのにお弁当を作ってから行く友人とかいて。夫は家にいるのにですよ？　適当でいいならパパに任せられるのに、**完璧を求めるから「夫には任せられない」と役割がどんどん増える。**海外のお弁当なんて適当ですから、1回海外に住んだら手を抜けるようになります。でも、相反することを言いますが、日本のお弁当って栄養バランスがいいんですよね。

うなぎ：そうですよね。私は長期休暇中の昼食サービスが欲しいです。専業主婦だって大変ですから、共働きに限らず、「子どもは誰でも利用できる」サービス。

中野：きちんと子どものほうを向いている施策ですね。3食の中で「給食が一番の栄養」という子もいますから、**子どもがちゃんと食べられるってすごくいい施策。そして困窮家庭じゃなくても誰でも行けるというのも。**これは本当に実現してほしいですね。

※土日祝日、小学校の春休み、夏休み、冬休み期間に開所。

あとがき

最後に、私からどうしても伝えたいことがあります。それは、「小1の壁」は確かに大変だけれど、この一度しかない貴重な時期をめいっぱい楽しんでほしい！　ということです。

子どもが小学生になってからの成長はめざましく、親と子どもで対等な会話を楽しめるようになってきます。お手伝いのレベルも上がり、だんだんと立派な戦力にも。

私も息子が入学したての頃は「一人で外を歩かせるなんて無理」「カギなんて絶対なくすから持たせられない」と思っていましたが、小3になった今では、カギを持って一人で帰宅し、習い事の用意をして、またカギをかけて一人で出かけることもできるようになりました。牛乳を切らしてしまったらおつかいにも行ってくれるし、本当に頼もしい存在です。

子どもが成長するにしたがって、小1で感じた壁の高さは少しずつ下がっていくように思います。今では我が子は一人で1日お留守番もできると思うので（本人が体調を崩していなければ、ですが）、急に学級閉鎖になっても怖くありません。みなさんも、いつか絶対にラクになる日が来るということを覚えておいてくださいね。

もちろん保育園時代と比べて大変なことは増えるし、現在進行形でいろいろ悩みは尽きません。でも代わりに、子どもとの会話が増えてコミュニケーションは密になり、信頼関係も強くなって、今では「小学生育児って楽しいな」と心から思えるようになりました。

小3になった今、「反抗期の入り口に差し掛かった？」と思う瞬間も増えてきました。これから年齢が上がるにつれて、どんどん親から離れていってしまうでしょう。その前の貴重な数年間、どうせなら親子で笑って過ごしたい。そしてみなさんにも、このかけがえのない時期をめいっぱい楽しんで、笑顔で過ごしてほしいと心から願っています。

この本を作り上げることができたのは、毎日のようにアドバイスや経験談をくださったフォロワーのみなさまのおかげです。私一人の力では到底、書き上げることができませんでした。同じ日本でも、地域や学校によってやり方や文化がずいぶん異なりますが、全国のフォロワーさんたちのおかげで比較的偏りのない情報をお届けできたことを、本当に感謝しています。この本の出版が、少しでもその恩返しになりますように。

私の使命は「日々ギリギリのところでがんばっているママ（そしてパパ）を少しでもラクにすること」、そして「安心して子育てを楽しめる日本にしていくこと」だと思っています。これからも使命を果たすべく邁進していきますので、応援していただけたら、とてもうれしいです。

インスタグラムでは「小1の壁」についてはもちろん、その先のお悩みや不安を解消するアイデアを引き続き発信していきます。困ったこと、悩むことがあれば、お気軽にDMくださいね。ご要望が多かったトピックは投稿にまとめます。うなぎママにお任せください！

今回出版のチャンスをくださった岡本朋子編集長、いつも温かく励ましてくださった編集のおざきゆかさん、素敵なイラストとマンガを描いてくださった安田ふくこさんに、心から御礼申し上げます（みんな多忙なワーママ。共感し合いながら、さまざまなアドバイスをいただき心強かったです！）。

また、この本のためにご協力くださった東京大学多様性包摂共創センター准教授の中野円佳先生、そしてスクールカウンセラーの初川久美子先生にも御礼申し上げます。先生方の知見に基づいたお話は、「小1の壁」に悩む共働き家庭の助けとなってくれることと思います。

毎日たくさんの笑顔をくれる我が子たち、いつも家事をして支えてくれる夫、そしてずっと応援してくれている家族にも、この場をお借りして感謝の言葉を伝えさせてください。

最後に、天国にいる母へ。この本は見せることができなかったけれど、出版が決まったことを病室で報告したとき、「おめでとう」とはっきり言ってくれたこと、一生忘れません。いつも一番の味方でいてくれて、本当にありがとう。

この本が、「小1の壁」に悩むママ（パパ）の気持ちを1グラムでも軽くしてくれますように。みなさんの光にあふれた明るい未来を、心から祈っています。

うなぎママ

小3男子と年長女子の2児の母（2024年現在）。

育休復帰後マミートラックにのってしまった閉塞感からブログを開設。ワーママ向けに子育てやライフハックについて情報発信を始める。その後は活動の中心をInstagramに移し、自身が「小1の壁」にぶつかった経験から、10万人以上のフォロワーの声を集め、ワーママの「小1の壁」攻略法について約４年にわたり発信している。

好きな言葉は時短・手抜き。好きな場所は大自然の中。好きな食べ物はカレー。

Instagram：@unagi.mama
X：@unagi_mama_blog
blog：「うなぎママのブログ」https://unagi-mama.com
「うなぎママの小学生ママライフ」https://ameblo.jp/unagimama-blog

※本書に掲載された情報はすべて2024年9月現在のものです。

表紙、マンガ、人物・章扉イラスト／安田ふくこ　Instagram：@3kyoudiary
装丁・本文デザイン／古郡和子（株式会社DNPメディア・アート）
編集／おざきゆか

これ一冊《いっさつ》でOK《オーケー》！　「小1《しょういち》の壁《かべ》」完全《かんぜん》ガイド

2024年11月22日　第１刷発行
2025年３月24日　第３刷発行

著　者　うなぎママ
発行者　清田則子
発行所　株式会社 講談社
〒112-8001　東京都文京区音羽 2-12-21
TEL：編集　03-5395-3408
販売　03-5395-5817
業務　03-5395-3615

印刷所　大日本印刷株式会社
製本所　大口製本印刷株式会社

191p　19㎝
　ISBN978-4-06-537317-0